明远教育基金

MING YUAN EDUCATION FOUNDATION

"四有"好老师系列丛书

顾明远 总主编

爱是教育的灵魂

做有仁爱之心的好老师

肖甦 滕珺 等著

北京师范大学出版集团

BEIJING NORMAL UNIVERSITY PUBLISHING GROUP

北京师范大学出版社

特别感谢顾明远教育研究发展基金
对丛书的大力支持！

总序："四有"好老师引领教师成长

2024 年是习近平总书记提出"四有"好老师 10 周年。10 年前的教师节前夕，习近平总书记来到北京师范大学考察，与师生代表座谈。会上，他勉励师生从事教师这一崇高的职业，论述了教师的作用："教师是人类历史上最古老的职业之一，也是最伟大、最神圣的职业之一。"①习近平总书记引用人们常说的一句话："教师是太阳底下最崇高的职业。"并提到，自古以来，中华民族就有尊师重教、崇智尚学的优良传统，"国将兴，必贵师而重傅；贵师而重傅，则法度存"。中华民族 5000 多年文明发展史上，英雄辈出，大师荟萃，是与一代又一代教师的辛勤耕耘分不开的。教师之所以重要，是因为教师的工作是塑造灵魂、塑造生命、塑造人的工作。习近平总书记说："一个人遇到好老师是人生的幸运，一个学校拥有好老师是学校的光荣，一个民族源源不断涌现出一批又一批好老师则是民族的希望。"继而，他希望教师在科技进步日新月异、国际竞争日趋激烈的形势下，认

---

① 习近平：《做党和人民满意的好老师——同北京师范大学师生代表座谈时的讲话》，载《人民日报》，2014 年 9 月 10 日。

清肩负实现"两个一百年"奋斗目标、中华民族伟大复兴中国梦的使命和责任，努力为发展具有中国特色、世界水平的现代教育，培养社会主义事业建设者和接班人作出更大的贡献。

怎样才能成为好老师呢？习近平总书记提出了四条标准。

第一，做好老师，要有理想信念。习近平总书记从我国历史上对教师的理解一直谈到今天对教师的要求，提出教师应是"经师"和"人师"的统一。他说，正确的理想信念是教书育人、播种未来的指路明灯。教师要始终同党和人民站在一起，自觉做中国特色社会主义的坚定信仰者和忠实实践者，忠诚于党和人民的教育事业，自觉把党的教育方针贯彻到教学管理工作全过程，严肃认真地对待自己的职责。

第二，做好老师，要有道德情操。习近平总书记说："老师的人格力量和人格魅力是成功教育的重要条件。"合格的老师首先应该是道德上的合格者，好老师首先应该是以德施教、以德立身的楷模。他希望老师把正确的道德观传授给学生。好老师的道德情操还包括师德。习近平总书记说，师德是深厚的知识修养和文化品位的体现，师德需要教育培养，更需要老师自我修养。习近平总书记非常关心教师，他说："现在，很多地方做老师还比较清苦，特别是农村基层小学老师很辛苦，收入不高，物质生活不是很宽裕，有些家庭负担较重的老师生活还比较困难。"他要求各级党委和政府都要关心广大老师的生活。同时，教师要有"衣带渐宽终不悔，为伊消得人憔悴"的精神，兢兢业业做好工作。做老师最好的回报是学生成人成才，桃李满天下。

第三，做好老师，要有扎实学识。习近平总书记说，扎实的知识功底、过硬的教学能力、勤勉的教学态度、科学的教学方法是老师的基本素质，其中知识是根本基础。所谓学识，不仅要有学问，还要有见识。习近平总书记认为，在信息时代做好老师，不仅要有胜任教学的专业知识，还要有广博的通用知识和宽阔的胸怀视野。他要求老师始终处于学习状态，站在知识发展前沿，刻苦钻研、严谨笃学，不断充实、扩展、提高自己。

第四，做好老师，要有仁爱之心。习近平总书记说："教育是一门'仁而爱人'的事业，爱是教育的灵魂，没有爱就没有教育。"他说，教育风格可以各显身手，但爱是永恒的主题。爱心是学生打开知识之门、启迪心智的开始，爱心能够滋润浇开学生美丽的心灵之花。他特别强调，老师要有尊重学生、理解学生、宽容学生的品质。老师要热爱每个学生，不能因为有的学生不讨自己喜欢、不对自己胃口就冷淡、排斥，更不能把学生分为三六九等。他说，老师在学生心目中具有重要地位，老师无意间的一句话，可能造就一个天才，也可能毁灭一个天才。这些讲话都具有很强的针对性，值得老师们认真思考。

习近平总书记所述好老师的标准，既有理论的论述、历史经验的解释，又有对现状的分析和具体的要求，具有很强的针对性和现实性。"四有"好老师一直引领着我国教师队伍的建设。

这十年来，习近平总书记到学校考察时，都要提到教师，提出对教师的要求。2016 年 9 月 9 日，习近平总书记在与北京市八一学校师生座谈时，再一次提到教师的重要，他鼓励教师做学生锤炼品格的引路人、学习知识的引路人、创新思维的引路人、奉献祖国的引路人。[①] 同年 12 月，习

---

① 《全面贯彻落实党的教育方针　努力把我国基础教育越办越好》，载《人民日报》，2016 年 9 月 10 日。

近平总书记在全国高校思想政治工作会议上强调，教师是人类灵魂的工程师，承担着神圣使命。[①] 2021 年，习近平总书记在视察清华大学时提出教师要做"大先生"。在党的二十大报告中，习近平总书记进一步强调："加强师德师风建设，培养高素质教师队伍，弘扬尊师重教社会风尚。"上述讲话为教师的培养和专业成长指明了方向。2022 年 9 月 8 日，习近平总书记给北京师范大学"优师计划"师范生回信，希望他们努力学习，毕业以后到祖国和人民最需要的地方去，努力成为党和人民满意的"四有"好老师。2023 年 9 月 9 日，在第三十九个教师节到来之际，习近平总书记致信教师代表时又提出了"教育家精神"。

从"四有"好老师、"四个引路人"、大先生，再到教育家精神，习近平总书记关于教师的一系列论述，形成了对广大教师思想、道德、学识、能力、作风、纪律等方面全方位的系统要求，赋予了人民教师崇高的地位和神圣的职责使命，是新时代进一步打造高素质教师队伍，推进教育高质量发展的行动指南。学习好、领会好、贯彻好、落实好习近平总书记关于教师队伍建设的重要论述精神，对于全面提升教师队伍质量和水平、加快推进教育现代化、建设教育强国具有重大而深远的现实意义。

顾明远

2024 年 6 月

---

① 《把思想政治工作贯穿教育教学全过程　开创我国高等教育事业发展新局面》，载《人民日报》，2016 年 12 月 9 日。

目　录

第一章
——

仁爱的基本概念

爱，是人类永恒的话题，是人类哲学思想中一个十分核心的概念。仁爱是中华民族优秀传统文化中道德观念的精髓，也是中国向世界道德文化贡献的哲学智慧。孔子、孟子等著名思想家、教育家倡导的仁爱精神，在中国几千年的教育发展史上不断发扬光大，并造就了中华民族特有的崇尚仁爱的品格。西方世界将博爱作为一种重要的宗教和世俗伦理精神，博爱是与仁爱近似的西方概念，主张把爱人如爱己作为个人基本的道德信仰和行为准则，努力去爱一切人，对他人温柔宽容、慷慨关怀，用自己爱的言行去造福社会。

在本章中，我们将从语义学和哲学两个视角出发，探究中西方文化中仁爱的内涵与外延。在语义学部分，我们首先从中华优秀传统文化和全球语境出发对"仁爱"一词进行词源辨析，随后从历史文化基础和价值取向及其演变的视角对"仁爱"一词展开跨文化辨析。在哲学部分，我们尝试分析儒家思想和西方哲学两种维度下仁爱内涵的嬗变与特点。这一章我们将穿越时空与地域的界限，领略不同文化背景下仁爱的独特魅力，共同探索一幅丰富多彩的仁爱画卷。

第一节　仁爱的语义学阐释

仁爱思想内涵丰富，它不仅是东西方文化的共同瑰宝，而且是人类文明的重要组成部分。本节先对仁爱的词源进行辨析，追溯"仁爱"一词背后的文化和哲学背景，探究它的词源意义，揭示它是如何在历史的演进中逐渐丰富和发展起来的，然后将目光投向全球，比较不同文化对仁爱的理解和表达。通过对比分析，我们可以看到仁爱在不同文化阐述中的异同及侧重点。在东方文化中，仁爱更多地强调人与人之间的情感纽带和道德责任；在西方文化中，仁爱则更多地指涉个人内心的信仰及对自由、平等的追求。然而，无论在哪种文化中，仁爱都是一种积极向上的力量，能够激发人们的爱心和善意，推动社会的发展和进步。

一、词源辨析

仁爱，作为人类情感与道德的基石，在语义学上具有丰富的内涵。从字面意义上看，"仁"体现了对他人的关爱与尊重，"爱"则蕴含了深沉的情感与无私的奉献。然而，当我们将仁爱置于更广阔的语义场中进行探讨时，其内涵便得到了进一步的拓展与深化。

（一）我国历史长河中的“仁爱”演变

中华优秀传统文化中的“仁”字总是与儒家思想紧密联系在一起，是儒家思想的核心概念之一。如今我们讲的“仁”，涵盖了广泛的道德和伦理原则。要想探究这一概念的形成基础，我们要从“仁”字的起源与释义说起。

1.“仁”字的起源

“仁”字的起源可以追溯到我国古代的汉字形成时期。从字形结构上看，“仁”是一个会意字。其字形包含了“人”和“二”，表达的是人与人之间的关系和互动。《说文解字》列出了“仁”的三种字形和相应解释：一是“亲也，从人从二”，二是“古文仁，从千心”，三是“古文仁或从尸”。① 经学者查证，第三种解释“从尸”中的“尸”有深厚的历史渊源。古代有“丧祭二礼”之说，“仁”就是由丧祭礼的“祖”“主”发展到“尸”，“尸”即春秋前见于甲骨文中的“仁”字的对象化表字。② 所以说“仁”的字形本源是“尸”，可见“仁”与丧祭之礼是密切相关的。《郭店楚墓竹简》文有“丧，悬（仁）之耑（端）也”“丧，悬（仁）也”③，也证实了这点。

在古代的汉字演变过程中，“仁”字的具体形态也经历了一系列的变化。从最初的甲骨文（𠔁）、金文（𠂤），到后来的小篆（仁）、隶书（仁），再到现代的楷书（仁），这些字形变化不仅反映了汉字书写的历史进程，

---

① （汉）许慎：《说文解字》，257 页，北京，中国书店出版社，1989。
② 谢阳举：《“仁”的起源探本》，载《管子学刊》，2001(1)。
③ 荆门市博物馆：《郭店楚墓竹简》，85～98 页，北京，文物出版社，1998。

也体现了人们对"仁"字内涵的理解不断深化。

2."仁"字的释义

"仁"在《古代汉语词典》和《现代汉语词典》中有不同的解释。例如，《论语·颜渊》"樊迟问仁。子曰：'爱人'"中的"仁"，在《古代汉语词典》中强调的是一种道德观念，其核心是人与人的相亲相爱；[1] 而在《现代汉语词典》中则强调的是仁爱（如仁心、仁政和仁至义尽等）。[2]"仁"在《古代汉语词典》和《现代汉语词典》中也有相同的解释。例如，《后汉书·赵壹传》"实望仁兄，昭其悬迟"中的"仁"，在《古代汉语词典》中有敬辞之义；在《现代汉语词典》中也有敬辞之义，用于对对方的尊称。

可见，随着时代的更迭与演进，语言也在不断地演变与丰富。在这漫长的变迁过程中，"仁"字虽然几经变化，但其最本原、最核心的一项——仁爱，得以保留与传承，并成为中华优秀传统文化道德观念中不可或缺的一部分。这也充分说明仁爱思想历经时空考验，历久弥新。对"仁"这一核心思想的深刻阐释，在儒家经典《论语》中尤为突出。"仁者人也。"[3]"仁"是人的本质，人之所以为人，其根本在于"仁"。爱人是"仁"的本质内涵，在孔子的思想体系中，"爱人"是具有双重内涵的，即"爱亲"和"爱众"。

3."仁爱"释义的演变

继孔子、孟子之后，汉唐时期的文学家、宋明时期的理学家及明清时

---

[1]　《古代汉语词典》编写组：《古代汉语词典》，1233页，北京，商务印书馆，1998。

[2]　中国社会科学院语言研究所词典编辑室：《现代汉语词典》7版，1100页，北京，商务印书馆，2016。

[3]　朱贻庭：《中国传统伦理思想史》，212页，上海，华东师范大学出版社，2003。

期的学者继承了仁爱思想，并提出了诸多具有时代特色的仁爱论说。例如，西汉学者董仲舒对仁爱进行了阐释，《春秋繁露·必仁且智》"仁者憯怛爱人，谨翕不争，好恶敦伦，无伤恶之心，无隐忌之志，无嫉妒之气，无感愁之欲，无险诐之事，无违辟之行"[①]，突出了仁者关爱他人、尊重伦理、正直坦诚、内心平静和坚守道德的特点。又如，明代哲学家王阳明认为，"仁是造化生生不息之理"[②]，从现实功用的角度而言，"仁"的爱人爱物的功能表现为"父子、兄弟之爱，便是人心生意发端处，如木之抽芽。自此而仁民，而爱物，便是发干生枝生叶"[③]，依然遵循儒家一以贯之的爱有等差，由亲及疏的行仁路径。再如，清末民初时期的康有为则是融合了儒家思想和西方自由平等思想，提出了"仁"是"与民同之自主平等乃孔子立治之本"[④]的时代阐释，为后来的思想启蒙和现代化进程提供了重要的思想资源和启示。

(二)全球语境中的"仁爱"辨析

在全球语境中，仁爱作为一种普遍而深刻的道德情感，体现了跨越文化、宗教和地域的共同价值。它不仅是东方文明的瑰宝，也是人类共同的精神财富。随着文化交流与融合的日益加深，人们对仁爱的理解和实践也呈现多元化的趋势。

---

① 徐复观：《两汉思想史》第二卷，228 页，上海，华东师范大学出版社，2001。
② （明）王阳明：《传习录》，96 页，北京，开明出版社，2018。
③ （明）王阳明：《传习录》，97 页，北京，开明出版社，2018。
④ 李泽厚：《康有为谭嗣同思想研究》，84 页，上海，上海人民出版社，1958。

在英语语境中，从德行范畴来看，"仁"被译为"virtue""perfect virtue""magnanimity"。例如，亚里士多德在其著作《尼各马可伦理学》中，将"美德"（英译本中作"virtue"）定义为"过度"与"不足"的平衡点，即在"过"与"不及"之间求取平衡，隐含了亚里士多德的中道观。[①] 从情感范畴来看，"仁"被译为"love for others"。这一译解强调泛爱性，表现为绝对的道德律令，且其根源是超验的。从"仁"为人之本性的角度来看，"仁"可译为"kindness""goodness""humanness""humanity""manhood at its best"等。[②] 这一类"人之本性"的释义，强调了绝对的普遍性，遮蔽了与经验相关而产生的相对普遍性，遮蔽了"仁"所关涉的生命经验的层级性。从"仁"之社群化诠释的范畴来看，"仁"被译为"authoritative"。这一释义过度强调社会结构的超越性，强调社会规范对个体的制约，这与儒学的"仁"具有很大的不同。

在德语语境中，与"仁"这一概念相契合的词语颇为丰富。例如，"Barmherzigkeit"，有"富有同情心，扶贫济困，理解他人困境"的含义，具有这样品质的人会敞开心扉，关心他人（即使是陌生人）的需要，并以善良、仁慈的方式照顾他们的需要；"Nächstenliebe"，表示愿意帮助他人（同胞、同伴）、为他人做出牺牲的一种内在态度；"Brüderlichkeit"，具有"以兄弟之心，行兄长之道"的含义，表达了"自由、平等、博爱"之意；

---

① ［古希腊］亚里士多德：《尼各马可伦理学》，27～29 页，北京，商务印书馆，2009。

② Smith S，Voorhees R W & Morris W，*The New International Webster's Comprehensive Dictionary of the English Language*，Naples Florida，Typhoon International Corp，2004，p.614.

"Wohlwollen"，强调"友善，仁慈，为他人着想"；"Menschenliebe"，指一个人感激、尊重和仁慈的行为，以及对其所处社会环境的内在仁慈倾向；"karitativ"，用来表示一种慈善和仁爱的态度或观念，也表示一种具体的帮助他人的活动。

在俄语语境中，不同的俄罗斯学者对"仁"的理解有所不同。如俄国学者波波夫（П. С. Попов）在其译著的《论语》中，将"仁"译为"гуманность"，表示人道的、仁爱的、仁慈的。[①] 另一位俄国学者谢梅年科（И. И. Семененко）在其译著的《论语》中，将"仁"译为"человечность"，表示人性、人道，强调对他人的关心，富有同情心。[②] 还有一位俄罗斯学者贝列罗莫夫在其发表的诸多著作中，将"仁"译为"человеколюбовие"，即仁爱、博爱、仁慈。

在拉丁语语境中，"仁"字并没有一个完全对等的词，与"仁"字相关概念的释义是"humanitas"，常被用来描述对人的尊重、关怀和爱护，这在一定程度上能够体现"仁"字中的仁爱精神，涵盖了对他人的友善、同情和尊重，与"仁"所强调的善待他人、关爱社会的精神相呼应；"benignitas"，意味着仁慈、和善，强调温和、宽容的态度，与"仁"字中的宽容、和善之意相契合。

在印度语语境中，"仁"字没有直接对应的词语，但可从印度丰富的哲学和宗教传统中寻找与之相近或相关的概念来进行释义。在印度宗教哲学体系中，对于人类关系、道德行为及精神修养的重视与"仁"字所蕴含的仁

---

① 黑龙江大学俄语语言文学研究中心辞书研究所：《大俄汉词典》，300 页，北京，商务印书馆，2001。

② Семененко И И，*Я верю в древность*，Издательства Республика，1995，p. 467.

爱、和善之意有着一定的共通性。例如，印度教中的"达摩"（dharma）概念，强调道德规范和社会责任；佛教中的"慈悲"（karuna）概念，强调对他人的同情和关怀。这些概念在某种程度上与"仁"字所传达的仁爱精神相契合。此外，印度语中的"爱和友善"（prem）一词，也可以用来表达类似于"仁"的情感，它涵盖了对他人的善意、关爱和尊重，体现了人性中的温暖和善良。

在日、韩语境中，"仁"字的释义展现了日、韩文化与中华传统文化的紧密联系，同时也体现了其独特理解。在日语语境中，"仁"通常被翻译为"じん"，与汉字"仁"在意义上相近，强调仁爱、慈悲和对他人的关爱，也与汉字中"仁"作为儒家思想核心的概念相吻合，体现了对人性善良和道德规范的重视。此外，"仁"也常被用来形容人的品质，如"仁慈""仁爱"等，强调人与人之间的和谐关系与人的善良。在韩语语境中，"仁"被翻译为"인"，同样保留了其基本的含义，即对他人的关心和爱护。"仁"也常被用于描述人的道德品质，如"인자하다"（仁慈的）、"인성"（人性）等。此外，韩语中的"仁"还常用于表示对他人的尊敬和敬意，体现了对长辈、尊者的恭敬。

总而言之，无论是在博大精深的汉语语境中，还是在全球语境中，仁爱都是一种核心的道德观念，凝聚着对他人的深切关爱、崇敬尊重与无私共情。作为个人修养的基石，仁爱不仅有助于个人内在的成长和发展，更是推动社会和谐与进步的重要力量。在当今世界，我们更加需要弘扬仁爱的精神，促进人与人之间的理解、尊重和团结。

二、跨文化辨析

东方国家和西方国家有着不同的历史文化背景，因而对仁爱概念强调的侧重点也各不相同。东方国家，如中国、日本和韩国，属于儒家文化圈，仁爱基于血缘关系的差序格局，强调人与人之间的亲情、友情和社会关系，注重"由己及人"。西方国家的仁爱精神强调自由、平等与人道主义，"仁"和"爱"体现为尊重他人的个人权利和自由，注重个人的尊严和平等，在实践中表现为关注处境不利群体的利益。

(一)东方的儒家道德：基于血缘关系的差序格局

中国、日本和韩国共同属于儒家文化圈，儒家文化强调基于血缘的社会结构和价值观念。儒家文化的核心内容包括仁、义、礼、智、信等道德观念和社会伦理。仁爱是一种道德理想，也代表着天人合一的世界观。[①]儒家文化圈中的仁爱基于血缘关系的差序格局，"仁"和"爱"在本质上是一种同情式的差序之爱。在家庭和社会中，个人根据血缘关系的远近、辈分的高低及性别等因素来确定彼此之间的地位和应当遵守的行为规范。在这种格局下，每个成员都有明确的角色和责任。差序格局先于个人，并在某

---

① [美]张灏：《危机中的中国知识分子：寻求秩序与意义，1890—1911》，38～39 页，北京，中央编译出版社，2016。

种程度上决定个人的行为。①

儒家文化的主旨是"爱人"，注重自身的修养。"仁"是个人修己、克己的德行伦理，它并不强调客观条件，而要求通过主观努力修养自己。为仁由己不由人，求仁、成仁是一种自觉的、主动的道德行为。②"克己复礼为仁。一日克己复礼，天下归仁焉。为仁由己，而由人乎哉?"③"仁"是依靠自己努力追求所要达到的一种高尚的精神境界，"求仁而得仁，欲仁而仁至，为仁由己不由人，修己才能求仁"④。当个人能达到这种境界，仁爱的实施范围便扩大开来，指向关爱普遍范围的人类。儒家的仁者爱人的范围达到最大时，自我也会被包容其中，自爱也就成为总体意义上爱人的一部分。⑤仁爱面向的群体是由内而外扩散的，从对人的爱怜和关怀逐渐扩展到对社会群体的关注。这一过程以家庭为起点，在家庭中表现为"孝悌"德行。仁爱最终指向家族之外的人们，"同情""宽宏"这些社会德行是仁爱在个体身上的体现。这是"仁"的最高表现。⑥

儒家文化中的仁爱尤其强调道德，个人需要完成两种义务，包括关于

---

① 柴玲、包智明:《当代中国社会的"差序格局"》，载《云南民族大学学报(哲学社会科学版)》，2010(2)。

② 孔祥骅、黄河清:《孔子评传与教育思想解读》，146～147 页，太原，山西人民出版社，2020。

③ 秦学智:《论语新说》上卷，345 页，北京，中国传媒大学出版社，2022。

④ 孔祥骅、黄河清:《孔子评传与教育思想解读》，146 页，太原，山西人民出版社，2020。

⑤ 李祥俊:《儒家的仁爱秩序与自爱问题析论》，载《孔子研究》，2023(6)。

⑥ [美]张灏:《危机中的中国知识分子:寻求秩序与意义，1890—1911》，50～52 页，北京，中央编译出版社，2016。

完善自我道德的义务和关于实现社会道德的义务。① 作为儒家伦理思想中的最高道德及所有道德的总和，"仁"既指人的人格理想化，也指人际关系和社会秩序达到和谐状态。首先，在个人自我完善方面，仁爱尤其强调克己、诚信。日本很少谈"仁义"②，日本文化中的仁爱更倾向于"仁"，侧重于忠诚和荣誉感。"爱"则更多地与家庭联系在一起，强调和谐与集体主义。其次，在人际交往方面，公正、诚信是儒家文化中为人处世的两个重要原则，即按照公平和正义的原则对待他人，诚实待人。个人应当自觉约束自己的言行，追求内心的道德完善，并通过自律来维护社会秩序。中国的"一诺千金""一言既出，驷马难追"，就强调了人际交往中的诚信原则。邻里互助在中国的人际关系中占据着重要地位，儒家文化认为邻居之间的友好关系能够带来社会的和谐及个人的幸福，"远亲不如近邻"等揭示了邻里关系的重要性。韩国的仁爱概念与中国相似，更加强调"仁"，"仁"的对象是建立在血缘基础上的亲属关系，认为个人应当学会维护家庭关系，懂得孝悌和感恩。韩国非常重视家族关系，家庭是个人与社会之间的纽带，仁爱体现为个人对长辈的尊敬、对晚辈的关怀及与社会成员的相互支持。

（二）西方的世俗道德：自由、平等与关怀伦理

在西方文化中，仁爱与宗教有很大关联。西方宗教强调个人内心的转

---

① ［美］张灏：《危机中的中国知识分子：寻求秩序与意义，1890—1911》，52 页，北京，中央编译出版社，2016。

② 韩东育：《"仁"在日本近代史观中的非主流地位》，载《历史研究》，2005(1)。

变和成长，鼓励个人对他人表现出同情和关怀，在个人生活中实践仁爱。个人应当从关爱自己的邻舍做起，以爱的信心来怜悯他人，以爱的行为来帮助他人。宗教对于"爱"的强调有助于缓和人际关系和社会矛盾，通过提倡宽容、理解的思维方式，促进社会和谐。

宗教使西方国家的仁爱思想增加了慈悲、博爱的底色，世俗道德也对仁爱思想产生了重大影响。美国社会学家赖特·米尔斯（Wright Mills）指出，在宗教改革和文艺复兴之后，现代性的力量横扫全球，宗教从世俗社会中隐退，取而代之的是现代社会的理性化、科学化。[1] 世俗道德是将道德建立在现实生活基础之上的一种道德，是相对于宗教道德和理想道德而言的。宗教道德将道德建立在信仰的基础之上，信仰是道德价值的最终根据；理想道德将道德建立在先验的原则之上，人是实现某种神圣价值的手段。[2] 世俗道德的产生使人从信仰主义和理想主义的桎梏中解放出来，开始批判工具理性，审视宗教话语。法国的启蒙思想家，如伏尔泰和卢梭倡导的社会契约论和普遍意志的概念，体现了人们对平等和公正的追求。[3] 世俗道德充分肯定人的尊严，注重个人的自由和平等。法国资产阶级革命时期，人道主义反对封建专制，强调人的自由意志，具体化为"自由、平等、博爱"等口号。在德国哲学中，仁爱与康德伦理学中的"人道主义"紧密相关。康德认为人应当将他人的利益视为自己的目的，而非仅仅是达成

---

① 沈坚：《世俗化与法国天主教的现代定位》，载《世界历史》，2007（1）。

② 喻文德：《论世俗道德的特点及其困境》，载《伦理学研究》，2008（1）。

③ 李畏、姜涌：《正义的诠释：道德规范的产生——西方社会契约论思想的视角》，载《广东社会科学》，2023（2）。

自己目的的手段，这反映了对他人尊严和价值的尊重，与仁爱的精神相吻合。

　　在西方哲学和伦理学传统中，仁爱与古希腊哲学家柏拉图的哲学观念"善"的理念相近，仁爱的内涵侧重于善良、慈悲、仁慈。① 而西方世俗道德对仁爱的理解更倾向于肯定人的主体地位。自由是仁爱思想的基石之一。个体被认为是自主、独立的，有权追求个人目标和幸福。"人生而自由，却无往不在枷锁之中。自以为是其他一切的主人的人，反而比其他一切更是奴隶。"②平等是西方文化中仁爱思想的另一个重要方面——无论个人的背景、种族、性别、宗教或社会地位如何，都应当被平等对待。英国"仁爱从家中开始"(Charity begins at home)、法国"怜悯是最伟大的美德"(La pitié est la plus grande des vertus)、德国"自由意味着自主"(Freiheit heisst Autonomie)等反映了世俗道德对自由和平等的追求。

　　西方世俗道德中的人道主义原则、关怀伦理对仁爱思想产生了影响。"人道主义"一词是从拉丁文"humanistas"(人道精神)引申来的。古罗马思想家西塞罗认为这是一种能够促使个人的才能得到最大限度的发展、具有人道精神的人道主义原则。这种原则在实践中体现为建立慈善组织，关注弱势群体的发展。此外，关怀伦理学加深了仁爱的内涵，吉利根、诺丁斯认为人与人之间相互依赖的关怀关系是道德的源泉，"关怀"与"仁"共同指

---

　　① 罗丹、贾德江：《目的论观照下的〈论语〉中"仁"和"礼"的英译——基于两个译本的对比研究》，载《南华大学学报(社会科学版)》，2011(2)。

　　② ［法］卢梭：《社会契约论》，5 页，福州，海峡文艺出版社，2018。

向对他人的爱，指向他人的伦理、他者的伦理。[①] 关怀伦理学强调人际关系的重要性、人际关系的互相依赖性，提倡人们加强同理心，注重人与人之间的情感联结，认为个体在进行道德决策时，不应仅仅基于抽象原则，还要考虑特定情境下的人际关系和个体的具体需求。这种伦理观进一步丰富了仁爱的内涵，为理解和实践仁爱提供了一种新的视角。

总之，在东方国家中，儒家文化将仁爱视为核心价值之一，这种仁爱不仅体现为家庭中的孝顺、兄弟之间的友爱，还延伸为社会关系中的尊重、关爱。在西方国家中，尽管宗教强调博爱的文化对西方国家产生了深远影响，但随着社会的变迁，西方国家的仁爱观念更加注重追求自由、平等的关怀伦理。

第二节　仁爱的哲学意涵探究

仁爱这一思想在中西方的哲学体系中蕴含着深厚的意义和内涵，本节旨在从中西方哲学的历史进程中探索仁爱的相关含义，寻找它们之间的共同点和不同点，为深入理解仁爱的含义奠定坚实的基础。我们可以发现，在儒家思想中，仁爱表现出爱人亲仁、平等尊重、忠恕待人、克己复礼等

---

① 赵宁：《关系本体论：儒家"仁"与西方关怀伦理》，载《北京师范大学学报（社会科学版）》，2020(4)。

具体含义，成为中华优秀传统文化思想观念的核心；在西方哲学思想中，仁爱经历了从古希腊时期的"友爱"到中世纪时期的神学美德，从启蒙运动时期的"博爱"到现代西方社会的关怀伦理的发展过程，表现出一种神性之爱、人文之爱、人权之爱、人性情感之爱，并且一步步走向省思的道路。中西方哲学体系中的仁爱思想都深刻揭示了人与自我、人与他人、人与社会的关系，成为指导人们学习、工作和生活的重要价值理念。

一、儒家思想中的仁爱

"仁爱"一词最早出现在《论语》中，是我国儒家思想的核心内容之一。儒家思想是中国传统文化的重要组成部分，对中国历史文化的形成和发展产生了深远的影响。

(一)仁者爱人，亲仁

一方面，儒家思想中的仁爱强调学会爱人。儒家思想将"仁"定义为人性的最高境界，是一种内在的道德情感和品质，又称"仁爱"或"仁心"。"仁"代表了善良、慈悲、宽容、体恤他人的品质。那什么是仁爱呢？在《论语·颜渊》中，樊迟问什么是"仁"，孔子的回答是"爱人"。在这一回答中，孔子以"爱"解释仁，并指出爱的对象是人。[①]"爱人"所指的，是君子

---

① 李记芬：《仁者"爱人"而"亲仁"——关于儒家仁爱思想的挖掘和阐发》，载《北京日报》，2022-01-24。

对所有人都应抱有"爱"的情怀，体现了"爱"之情怀的普遍性。爱人是"仁"的本质内涵，在孔子的思想体系中，"爱人"是具有双重性质的，即"爱亲"和"爱众"。首先是爱亲。爱亲是仁爱思想的基石，仁爱的第一个要义就是要爱自己的家人。《论语·学而》中说："孝弟也者，其为仁之本与。"这表明仁的根本在于孝，爱心源于孝心。孝是仁的根本，一个人只有先做到对自己父母孝顺，才能够将仁爱推及社会众人。其次是爱众。仁爱思想并不拘泥于爱亲，爱众也是仁爱思想所强调和传达的价值理念，更加体现出个人所具有的高尚的道德品质。将"仁"的对象范围扩大化，让周围的人，包括朋友、同学甚至陌生人都感受到仁爱。

另一方面，儒家思想中的仁爱不是只强调"泛爱众"，还要求"亲仁"。"亲仁"之"仁"与"众"相对，通常指有别于大众的特殊之人——有仁德的人。"亲仁"就是指亲近有仁德的人。"亲近有仁德的人"只是"亲仁"的一种理解，通常还有相关联的另一种理解，就是亲近的对象不是"人"而是"德"，"亲仁"就是指亲近"仁德"这种德行。

(二)平等尊重，忠恕待人

首先，仁爱强调平等和相互尊重。孔子强调尊重他人的人格和权利，不侵犯他人的尊严和利益。孟子进一步发展了这一理念，将"仁义"作为最高的道德标准，强调每个人都应该被平等对待，不分贵贱、不论出身。明末清初时期，面对极速变化的国内外发展形势，许多学者提出了具有时代特征的仁爱论说。黄宗羲在其《孟子师说》一书中提出，"天地之生万物，仁也。帝王之养万民，仁也"。他认为，帝王只有行仁政、行王道，以养民、保民、乐民为职责，才能实现长治久安。龚自珍表达了"仁心为质，施于有政"①的仁政观点，主张尊重人的生命，珍惜人力、物力、财力。此类仁政主张反映了当时追求平等民主的思想萌芽。谭嗣同融通古今宗教、哲学、科学思想而写成《仁学》一书，明确提出现实生活层面中人我平等、物我平等的仁爱主张。谭嗣同仁学思想的可贵之处在于具有前瞻性和进步性，不仅挑战了传统封建思想，提倡平等和公正的社会秩序，而且为后来的思想启蒙和现代化进程提供了重要的思想资源。

其次，仁爱强调换位思考，宽以待人。孔子毕生行仁爱之道，可用"忠、恕"二字概括。何为"忠"，"己欲立而立人，己欲达而达人"（《论语·雍也》），就是要守住自己的底线，忠于自己的内心，面对是非好坏，要分得清、看得明。何为"恕"，"己所不欲，勿施于人"（《论语·卫灵公》），自己不喜欢的东西不要强加给别人，要多从别人的角度出发考虑问题。忠和恕都是推己及人的施仁办法，启示我们在与人相处时，要懂得宽以待人，"人非圣贤，孰能无过"（《左传·宣公二年》），要善于接受别人的过错和不完美，不要苛求他人。作为社会关系中的人，为人处世不能只想着自己，要懂得换位思考，站在别人的立场上想问题。忠恕之道，虽未提及"平等"二字，但处处体现着平等，只有将对方放置于与自身平等的地位，才能够真正做到忠恕，在差异中寻求共同点，以一种通达开阔的视角去审视涉及种种欲望的思想和行为。基于忠恕之道，我们应深刻认识到，人际交往中的不同个体出于多方面的原因，会对同一事物产生不同的看法，在

---

① 康沛竹：《尊隐：龚自珍集》，226页，沈阳，辽宁人民出版社，1994。

这种情况下，我们要做的就是要学会推己及人，懂得尊重别人的看法和主张，避免将自己的观念强加于人。

(三)友善和谐，克己复礼

一方面，仁爱强调人与人之间要维持友善、和谐的关系，以达到社会的长治久安。人是社会关系的主体，人与人之间的关系影响着社会的安定，儒家强调"和"的哲学思想有利于人际关系的稳定。人性中的弱点会影响人与人之间的关系，只有尊重他人，与人平等相处，才能实现人与人的和谐。儒家在处理人际关系时提倡推己及人、与人为善，强调个体与集体之间的融合与协调，追求构建一个"使老有所终，壮有所用，幼有所长，矜、寡、孤、独、废疾者皆有所养，男有分，女有归"(《礼运·礼记》)的和谐社会。

另一方面，仁爱体现着人们对秩序和礼仪的追求。如"克己复礼为仁"(《论语·颜渊》)，"克"即克制、战胜，"己"主要指自身的欲望，"复"即恢复，要做到"克己"，就要先懂得尊敬他人。孔子在教育自己的弟子时，总是要求他们无论何时何地都要注意自己的言行举止要合理、待人接物要诚恳。正如樊迟问仁，子曰："居处恭，执事敬，与人忠。虽之夷狄，不可弃也。"(《论语·子路》)"克己复礼"同时揭示了"仁"与"礼"之间的辩证关系。从思想本质来看，仁与礼，存在着必然的联系，真正的礼，必包含着仁，仁是礼的内在原则，礼是仁的外在表现，完全的仁也必包含着礼，它们就像两个对立面，相互渗透。人在社会交往过程中，难免会遇到大大小小的冲突，如果每个人都能够从礼法出发克制自己，并在此基础上达到

"仁"，那么整个社会也就能实现"仁"。良好的社会秩序并不是天然形成的，而是在每个人都懂得遵循"礼"的基础之上逐步实现的。

千百年来，儒家思想中的仁爱观念已渗入我们民族的精神血液中，积淀为中华民族的行为习惯，继续为当今社会提供丰富的生命智慧和价值理念。

二、西方哲学中的仁爱

仁爱在西方哲学史上也有着丰厚的理论表述。仁爱作为一种社会公共道德，在不同时期有不同的含义。

(一)西方哲学中仁爱的流变

古希腊是西方文明的源头，也是西方仁爱思想的发源地。在古希腊，"爱"被区分为不同的种类。比如，"agape"代表的是"心灵之爱"，也被称为"神圣的爱"；"philia"代表"思想的爱"，或"公正的爱"，强调一种充满理智的爱；"eros"通常被解释为"情爱"，或"激情的爱"；"storge"代表"自然的爱"，如长辈对于晚辈的爱；"xenia"则是"慷慨的爱"，是一种超脱利益的爱，是对陌生人不求回报的爱。[①] 在这些"爱"中，"philia"相对包含更多的内容和更大的范围，涵盖了"agape"和"eros"，并包含"xenia"和"storge"的部分内容。

---

① 余纪元：《亚里士多德伦理学》，180页，北京，中国人民大学出版社，2011。

在亚里士多德的时代，雅典已经衰落，城邦内部显露出各种危机。为了挽救雅典城邦，亚里士多德提出通过树立"友爱"的观念来建立理想的城邦。这一时期，仁爱可以被理解为"友爱"，这种"友爱"是一种人与人之间建立的相互关系。亚里士多德认为人是一种惯于过群居生活的动物，人类在本性上是一种政治动物，并且人类生来就有合群的性情。① 我们可以把对于一个人的友爱情感描述为替他想往我们认之为善的事物，是为了这个人而不是为了我们自己，并根据我们的能力尽量这样去做……朋友是共享我们的欢愉并且分担我们的痛苦的人。② 亚里士多德认为友善是把城邦联系起来的纽带，立法者们也应重视友善胜过公正，其原因是与公正相比，友善能更好地达到使公民和睦与城邦繁荣的目的。

到中世纪，仁爱成为一种主要的神学美德。它以所有人为潜在的对象，不会因他人的内在价值而改变。基督教倡导"邻人之爱"，强调"爱你的邻人"。"邻人"指的是与自己的生存与发展存在某种关联的人。爱人就是爱己，爱人的目的是使自己得到拯救，因此要始终拥有一颗彼此相爱的心。③ 基督教所提倡的仁爱的实质是社会下层民众对平等的渴望。在仁爱的作用下，世俗活动中的"爱"被极大地扩展，从原来的只存在于高尚公民之间的道德，成为面向所有人的道德。

时至近代，西方社会经过世俗化之后，并没有将基督教的仁爱抛弃，

---

① 杜向民、刘滨：《人民史观论》，96 页，西安，西北大学出版社，2005。

② ［古希腊］亚里士多德：《修辞术·亚历山大修辞学·论诗》，138 页，北京，中国人民大学出版社，2003。

③ 王正平：《论教育友爱》，载《上海师范大学学报（哲学社会科学版）》，2022(2)。

而是将其转变为一种人道主义精神——"博爱"。根据博爱的主张，即使在一个没有信仰的世界，人也应该一视同仁地、无私地友爱他人，友善地对待所有人，即不愿意看见自己同类受苦。休谟认为爱是人类的美德之一，具有最高的道德价值。他高度赞扬了人们的博爱精神，认为人具有一种先天的同情心理机制。这种同情心在多数情况下可以克制自私心，生发出超越本性的能力，从而产生道德行为。① 博爱的精神在 18 世纪法国大革命时期高涨到顶峰。在法国大革命的第二阶段，为了保障民主果实，法国国内展开了停止党争、拯救祖国的运动。法国议会立法将共和国与博爱结合在一起，倡导不同党派议员以兄弟般的、博爱式的拥吻来结束纷争。从此，博爱的口号风靡法国。博爱与自由、平等成为法国大革命时期的三大口号和原则，成为近代西方社会公民道德的主要支撑。

20 世纪后半叶，各种活跃的思潮冲击着自启蒙运动以来西方社会的价值体系与伦理观念，关怀伦理学在这种背景下得以兴起与发展。关怀伦理作为人的心理和谐的表现，成为新的维系个体亲情和社会关系的道德观念。美国当代著名教育家诺丁斯认为关怀的核心是爱人，它代表的是一种关系，因为关系是人存在的基础，关怀只会发生在关怀关系之中。所以关怀涉及两个主体：关怀者和被关怀者。当关怀双方都感到满足的时候关怀才得以完成。关怀关系不是一方施予，另一方接受，而是双方都有付出，也都会有收获。虽然被关怀者看上去处于弱势地位，需要获得帮助，但关怀者也需要被肯定和鼓励，被关怀者也有责任对关怀者的关怀提供反馈。

① [英]休谟：《道德原则研究》，82 页，北京，商务印书馆，2004。

诺丁斯不赞同"推己及人"的投射式关怀，而主张融人于己的接受式关怀。[1]这就意味着在"关系"两边的关怀者和被关怀者都必须具有道德感受能力，以便对彼此的关怀行为做出回应。

总体而言，西方哲学思想中的仁爱，强调以爱求善，将之作为人与人之间建立友爱关系的最高目的。以爱求善，是人的一种内在基本需要，是人的积极主动能力，能够促进人际和谐，使人精神愉悦、生活幸福。

(二)西方仁爱思想的特点

首先，西方的仁爱指一种超越血缘关系的爱，这是西方工商业文明的文化特征之一。西方文明源于环地中海地区，这里丘陵纵横、海岛密布，农业产出极为有限，仅依靠农业无法维系族群生存。因此，环地中海地区孕育了发达的工商业，形成了一个半农业半工商业，且以工商业为主的生存结构。商业贸易的繁荣带来了人员的频繁交往和流动，手工业也变得非常兴盛，商品长途贸易络绎不绝。在这种地理环境和社会背景下，血缘纽带被淡化和边缘化，非血缘关系超越了血缘关系，成为一种最重要的社会关系。基督教又以"爱人如己""爱邻人如同你自己"作为公众的道德信条，要人们"彼此相爱"及"有彼此相爱的心"。经过不断发展，西方文化中的仁爱成为一种摆脱血缘、地域等狭隘关系的束缚，不加区分的、一视同仁的爱。西方的仁爱讲人人平等，认为每个人都有独立的人格，应该互相尊重，这是无差等之爱，也是一种理性反思的结果。

---

[1]　侯晶晶：《关怀德育论》，53、61页，北京，人民教育出版社，2005。

其次，西方的仁爱关乎社会的公平正义。爱固然重要，但爱也要有原则，就是必须合乎正义。也就是说，西方的仁爱涉及对个人自由和平等的尊重和维护。在西方社会，古希腊传统和基督教传统一起组成了西方文明的两大传统。基督教以"爱"为第一前提，肯定和重视人的价值与尊严。西方近代启蒙思想家提出了人人生而平等，这种平等包括财产占有及法律规定下人人权利平等的思想。其中最具代表性的当数罗尔斯提出的正义原则。罗尔斯提出正义原则应当包含两个方面：一是平等自由原则，二是差异补偿原则。平等自由原则即每个人都享有平等的最大限度的自由，它确保每个公民在法律面前的平等。但是，仅有平等自由原则是不够的，平等自由原则必须受到仁爱的约束，即照顾最小受惠者才是符合正义的。所以差异补偿原则承认人们在分配上可以不平等，但要求这种不平等应尽可能地有利于最小受惠者。也就是说，家庭和社会的全面发展和公正的实现，都有赖于对弱者的保护，也就是对最后一个有机会获取蛋糕的人的保护。这就是社会的差异补偿原则，也称为仁爱的正义原则。

最后，西方仁爱的实践性色彩更为突出。比如，古希腊社会的友爱具有明显的"良师益友"的特点。古希腊教育的一个重要价值追求是体验、认识伟大和崇高。在当时的社会场景中，与思想和行动的巨人、道德的巨人因崇敬和学习期望而结成友爱关系是社会极其推崇的一种友爱方式。中世纪后，大大小小的教会组织遍布各地，基督教就通过教会来推广其"博爱"的理念。近代以来，学校教育，尤其是道德教育，成为推广仁爱的重要手段。现代西方关怀伦理学提出的基于"关爱"的、新的道德教育模式，涉及的不仅仅是家庭、学校的教育，更是整个社会的教育。它重新定位了道德教育的目标——人既是道德教育的主体和出发点，也是道德教育的最终目的。在这一基础上，关怀伦理学又提出了道德教育的四种方法：榜样、对话、实践和认可，进一步推动了作为一种社会公共道德的仁爱在西方社会的实践。

通过这一章的探索之旅，我们领略了多元文化背景下仁爱的独特魅力。在人类之爱中，有一种特殊形态的爱——教育之爱。教育是由上一代人对下一代人进行的，反映的是上一代人对下一代人的爱。教育，归根结底，是爱的体现、爱的活动。教育活动作为人类文明的具象表征，充满了人文精神和道德情怀。教育工作需要用爱来驱动。教育中的仁爱是超越血缘亲情的，用大爱之心，促进每个学生的健康成长，造福人类社会。爱，是教育的目的，也是人生的目的。

第二章

中外教育家谈爱的教育

　　爱，这份深厚的情感，是世界上我们所知最为温暖和强大的力量。它超越了国界、文化和历史，一直以来都是教育中不朽的主题。教育涉及培养学生的道德和情感，使他们成为有品德、充满同情心和仁爱之心的公民。在教育家寻求有效引导学生成长的方法的过程中，"爱的教育"崭露头角，将仁爱置于教育的核心。

　　在本章中，我们将深入了解来自不同国家和时代的教育家们如何将仁爱与教育相结合，以塑造和启发下一代。首先，我们将穿越时空，探寻中国教育家的仁爱教育思想，包括王阳明如何主张通过"仁民爱物"来实现教育目标，陶行知如何强调"捧着一颗心"来教育学生，叶圣陶如何通过"不言之教"来传递爱的信息，陈鹤琴如何在"活教育"中注重爱的因素，以及鲁迅如何谈"教育根植于爱"。其次，我们将踏上精彩的国际之旅，走进外国教育家——夸美纽斯、裴斯泰洛齐、苏霍姆林斯基、亚米契斯和小原国芳的思想领域，品味他们不同的爱的教育理念。概而言之，这一章将引领我们领略多元文化背景下的仁爱教育之美，为我们展开一幅仁爱和教育的画卷。

第一节 中国教育家的仁爱教育思想解读

中国教育家的仁爱思想源远流长，深深植根于博大精深的中华优秀传统文化之中。这一思想凸显了博爱、奉献与尊重的核心价值，在不同历史阶段的教育家们的实践中得到了淋漓尽致的体现。

一、王阳明：行"仁民爱物"的教育

王守仁（1472—1529），字伯安，号阳明，是我国明代著名的理学家、教育家，后人多称他为"阳明先生"或王阳明。他虽然一生为官，但一直没有停止过教育活动，在 23 年的教育实践活动中积累了丰富的教学经验。王阳明在继承和发展孟子思想精华的基础上，提出了"心即理""致良知""知行合一"等观点。王阳明非常重视对儿童的教育，因为他深信人的思想、行为及习惯等都是从儿童时期开始，慢慢养成的，儿童教育关系国家的未来，关系国家的前途和命运，教育事业必须从儿童抓起，于是，他提出了一套有别于传统的、全新的儿童教育理论。王阳明的儿童教育思想既传承了儒家传统教育思想，也体现了王阳明心学思想的主旨，透露出深厚的爱意，彰显出儒家"仁民爱物"的精神。

(一)教育儿童，要关爱儿童，使其乐学

王阳明认为，教育者在教育儿童时，应学会关爱儿童，并让他们快乐地学习。这里的关爱体现在多个方面，具有深厚的内涵与高度的智慧。

首先，从儿童兴趣爱好的角度来看，王阳明认为，教育者应深入了解每个儿童的兴趣所在。他在《训蒙大意示教读刘伯颂等》中写道："趋向鼓舞，中心喜悦。"[1]"趋向鼓舞"意味着教育者应该根据儿童的兴趣和特长，给予他们积极的引导和鼓励。当儿童表现出对某个领域的兴趣时，教育者应该及时给予肯定和支持，并帮助他们拓宽视野、提升能力。"中心喜悦"是王阳明强调的学习状态。当儿童在自己喜欢的领域里学习，并受到教育者的关注和鼓励时，他们会感到内心的喜悦和满足。这种积极的情感体验不仅有助于提升学习效果，还能培养儿童的自信心和乐观态度。因此，他主张教育者要关注儿童的兴趣爱好，从儿童的兴趣出发，设计富有吸引力的教学活动。只有当儿童对学习内容产生浓厚的兴趣，从内心深处感到喜悦时，他们才会积极主动地投入学习中，取得不断的进步。

其次，从儿童心理发展的角度来看，王阳明认为，教育应尊重儿童的心理发展规律。在他看来，儿童心理发展最主要的特征是"乐嬉游""惮拘检"[2]，"乐嬉游"揭示了儿童天生喜欢游戏、玩乐的心理特征。游戏是儿童认知世界、发展身心的重要方式。在游戏中，儿童能够自由探索、尝试、

---

① （明）王阳明：《传习录》，166 页，广州，广东人民出版社，2021。
② （明）王阳明：《传习录》，166 页，广州，广东人民出版社，2021。

创新，从而获得乐趣和成就感。"惮拘检"则指出了儿童对于过度约束和管教的抵触心理。儿童在成长过程中需要一定的自由度和空间来发挥想象力和创造力。教育者如果过于严格、苛刻，或者采用强制性的教育方式，可能会使儿童产生逆反心理，影响学习效果和儿童的心理健康。因此，尊重儿童心理发展规律是教育的重要原则之一。教育者应深入了解儿童的心理特征，采用合适的教育方式，让儿童在快乐、自由的环境中健康成长。

最后，从儿童认知发展的角度来看，王阳明认为，教育应根据儿童的认知水平开展。他提出"从本原上渐渐盈科而进"的教育理念，这一理念强调教育应从儿童已有的认知基础出发，逐步引导他们向更高层次的知识和技能理解发展。教育者应关注儿童的兴趣和好奇心，通过生动有趣的教学内容和方式，激发他们的学习动力和探索欲望。他还提出，"如树有这些萌芽，只把这些水去灌溉。萌芽再长，便又加水。自拱把以至合抱，灌溉之功皆是随其分限所及。若些小萌芽，有一桶水在，尽要倾上，便浸坏他了"①，指出教学与植树灌溉是一样的道理。种树要根据树木的成长情况进行灌溉：树木在萌芽时期，需要浇灌少量的水分；树芽稍微长了一些时，需要适当加大灌溉水量。当树木从拱把粗到双臂合抱，浇水的量要根据树的粗细来决定，因为不同阶段的树木需水量也各不相同，应该逐步增加。与此同理，知识也应根据学生的发展程度和认知水平来传授。如果教育超出儿童接受能力，不但不能促进儿童的成长和发展，反而会适得其反。就好比把一桶水浇灌到一棵新芽上，不仅对新芽无益，反而会泡坏它。

---

① （明）王阳明：《传习录》，166 页，广州，广东人民出版社，2021。

(二)教育儿童,要适当留白

教育儿童,要适当留白,是王阳明又一重要的教育思想。首先,他提出,教育应"独立思考,躬行实践"。"独立思考"强调儿童应该具备独立思考的能力,而不是盲目接受他人的观点或知识。教育者应该引导儿童学会提出问题、分析问题、解决问题,鼓励他们勇于发表自己的见解,培养他们的批判性思维和创新能力。"躬行实践"则表明,知识源于实践,只有通过实践才能真正理解和掌握知识。王阳明指出,在引导儿童"独立思考"的过程中,要做到"知行合一,躬行实践",才能使儿童获得真知识。

其次,王阳明认为,"凡授书不在徒多,贵精熟"[①],在教学过程中,教育者应适当地保留余地,少之可贵,但本质在于"精",并不是越少越好,而是要适量,这样儿童不会因任务过重而一知半解,既能够保留足够的精力,也不会因为课程或者学习任务过多而产生厌烦的情绪,还会对学习内容产生浓厚的兴趣,从而提高学习的效率。相反,如果过多地向儿童传授知识,儿童则可能吸收不了,白费精力,还会对学习产生厌倦的心理。

此外,王阳明在《传习录》中也提出这样的观点:"凡饮食只是要养我身,食了要消化;若徒蓄积在肚里,便成痞了,如何长得肌肤?后世学者博闻多识,留滞胸中,皆伤食之病也。"[②]他强调,吃饭是为了滋养身体,

---

① (明)王阳明:《传习录》,169 页,广州,广东人民出版社,2021。

② (明)王阳明:《传习录》,299 页,太原,三晋出版社,2019。

食物并不在多，而在于能够消化吸收。如果仅仅是为了把食物堆积在肚子里，不消化，不但不能促进身体的生长，反而容易生病。学习和吃饭是一个道理，学习并不在于多，而在于领悟其中的道理，如果只学习而不去领悟，不但不会提高自己的知识水平，反而会有掉书袋之嫌。这段话虽然针对的是大学教育，但是对于儿童教育同样适用。

(三)教育儿童，要培养其全方位发展

王阳明认为，在教育儿童的过程中，教学内容应全面涵盖德育、智育、体育、美育等多个层面，以期实现学生全方位的素质发展。"教人为学，不可执一偏"①，说明教育应追求全面性、均衡性，不可偏废其一，只有这样才能造就既有德行又具智慧、身心健康的优秀个体。

基于这样的教育主张，王阳明为儿童拟定了课程表，学习内容包括背书、诵书、讲书、歌诗、习礼及考德等，并且规定了这些科目的学习顺序，即"每日功夫，先考德，次背书诵书，次习礼，或作课仿，次复诵书讲书，次歌诗"②。每日的学习首先应从考德开始，这体现了王阳明对德育的高度重视。他认为，培养良好的道德品质是教育的基础，是塑造理想型人才的首要任务。考德可以引导儿童树立正确的道德观念，形成良好的行为习惯。接着是背书和诵书，这两个环节主要锻炼儿童的记忆力和语言表达能力。通过反复背诵经典文献，儿童不仅能够积累丰富的知识，还能够

---

① (明)王阳明：《传习录》，65 页，太原，三晋出版社，2019。
② (明)王阳明：《传习录》，169 页，广州，广东人民出版社，2021。

提升对文字的理解和感悟能力。习礼或作课仿则侧重于体育和美育的培养。习礼可以锻炼儿童的身体素质，培养儿童良好的仪态和气质；作课仿则通过模仿和实践，提升儿童的创造力和艺术修养。复诵书讲书和歌诗则是智育和美育的进一步延伸。复诵书讲书可以加深儿童对知识的理解和掌握，培养他们的逻辑思维能力；歌诗则是通过音乐和诗歌的熏陶，提升儿童的审美能力和情感表达能力。

与此同时，关于儿童综合素质的培养，王阳明还提出"诱之歌诗""导之习礼""讽之读书"[①]的教育观念。首先，"诱之歌诗"是通过诗歌的艺术形式来引导儿童。诗歌富有韵律和美感，能够激发儿童的兴趣和想象力。王阳明认为，歌诗教育不仅可以培养儿童的艺术鉴赏能力，还能让他们在轻松愉快的氛围中学习，从而更好地理解和感受生活的美好。其次，"导之习礼"是注重培养儿童的礼仪规范和行为习惯。王阳明认为，礼仪是人际交往的基础，习礼可以引导儿童养成良好的行为习惯和提高社交能力。同时，习礼也有助于培养儿童的自律意识和尊重他人的品质，为他们未来的成长打下坚实的基础。最后，"讽之读书"是通过读书来启迪儿童的智慧。王阳明强调，读书是获取知识、培养思维能力的重要途径。他主张教师应通过引导和鼓励儿童多读书、读好书，来开阔他们的视野，提升他们的思维水平。同时，通过读书，儿童还可以学习更多的道德规范和人生哲理。

(四)教育儿童，应掌握科学方法

王阳明的教学主张不仅有内容上的主次，还体现了一定的科学性。他

---

① （明）王阳明：《传习录》，166页，广州，广东人民出版社，2021。

提出"每学量童生多寡，分为四班。每日轮一班歌诗，其余皆就席，敛容肃听；每五日则总四班递歌于本学。每朔望，集各学会歌于书院"①的教学实践方法。

首先，这种教学方式考虑了儿童的个体差异，按照儿童的数量将其分为四个班，使教学更加具有针对性和实效性。每日轮流歌诗，不仅锻炼了儿童的口才和记忆力，还通过诗歌的韵律和意境，培养了儿童的审美能力和人文素养。同时，让其余儿童"敛容肃听"，也有助于他们养成专注和尊重他人的好习惯。其次，每五日总四班递歌于本学的安排，进一步促进了儿童之间的交流和互动。这种集体性的活动不仅增强了儿童的集体荣誉感和归属感，还让他们在相互学习和比较中不断提升自己。最后，每半个月"集各学会歌于书院"的活动，则是对前面教学活动的总结。通过这种方式，各学之间的儿童得以相互交流和学习，拓宽了视野和知识面。同时，这种仪式感极强的活动也让儿童更加珍视学习的机会，增强了他们的学习动力。可以看出，这种教学主张体现了因材施教、循序渐进等科学的教学原则。精心组织的教学活动，让儿童在轻松愉快的氛围中学习知识、提升能力，同时也注重培养儿童的品德和素养。

王阳明的教育哲学深刻地体现了"仁民爱物"的核心理念。他提倡教育者应以仁爱之心对待儿童，关注他们的需求。"关爱儿童，使其乐学"，他强调教育者要爱儿童，通过深入了解，找到激发儿童学习兴趣和动力的有效方法，引导他们以积极、主动的态度投入学习。"适当留白"，倡导教育

---

① （明）王阳明：《传习录》，168 页，广州，广东人民出版社，2021。

者在教学中应尊重学生的主体性，不过度干预和限制，而是给予他们足够的自由和空间，让他们能够充分发挥自己的潜力和创造力。他主张教育应"培养儿童全方位发展"，强调教育应全面涵盖德育、智育、体育、美育等多个层面，以期实现儿童全方位的素质发展。"掌握科学方法"，主张教育者在教学中通过因材施教、循序渐进、实践体验及启发引导等科学方法教育儿童。王阳明所倡导的"仁民爱物"教育哲学思想，对于我国当今教育的改革与发展而言，不仅是一笔宝贵的思想财富，而且具有极高的借鉴价值。

二、陶行知："捧着一颗心"做教育

陶行知（1891—1946）被誉为近现代中国最伟大的人民教育家，他的坚定教育信仰使他将一生都奉献给了教育事业。从他早年在美国哥伦比亚大学学成归国，到他在中国引领平民教育、乡村教育、普及教育、国难教育、抗战教育、民主教育等多重教育运动，陶行知的教育生涯是一部坚忍不拔、拼搏不息的传奇。他不仅致力于儿童教育、师范教育、女子教育，还改革义务教育、中等教育、高等教育，创办晓庄试验乡村师范学校（今南京晓庄学院）和育才学校，创建中华教育改进社和生活教育社，在实践中创立了生活教育理论和实践体系。这一套完整的生活教育理论和实践体系是理论的又是行动的，是中国化的又是世界性的，标志着中国现代教育理论的形成，为中国教育发展开辟了一条道路。

蕴含仁爱真谛的陶行知教育理念和精神财富，是中华民族宝贵的教育遗产，影响深远。陶行知先生的"千教万教，教人求真"和"千学万学，学做真人"等博大精深的教育思想，激发了一代又一代的教育工作者积极追求科学与道德的高峰，彰显了其对仁爱和真理的追求。陶行知的人生信仰，如"捧着一颗心来，不带半根草去"，以及"为一大事来，做一大事去"等，鼓励并激励着更多的教师，将仁爱之光传承下去，无私地献身于教育事业，为人类社会带来福祉。他以坚定的仁爱信仰和不懈的奉献精神，为教师树立了一个永恒的榜样，展示了仁爱教育的伟大力量。

(一)把整个的心献给农民和儿童

走进乡村，陶行知便将心扎根在这片土地上，毫不吝啬地将整颗心奉献给农民和儿童。他始终强调一个至关重要的信念："要想完成乡村教育的使命，属于什么计划方法都是次要的，那超过一切的条件是同志们肯不肯把整个的心献给乡村人民和儿童。真教育是心心相印的活动。唯独从心里发出来的，才能打到心的深处。"①

陶行知心系乡村教育，将他对人类、民族和乡村人民的深情，注入了晓庄学校的每一寸土地。他在《我们的信条》中写下了这样的言辞："我们从事乡村教育的同志，要把我们整个的心献给我们三万万四千万的农民。我们要向着农民'烧心香'，我们心里要充满那农民的甘苦。我们要常常念着农民的痛苦，常常念着他们所想得的幸福，我们必须有一个'农民甘苦

---

① 《陶行知选集(三卷本)》第1卷，374页，北京，教育科学出版社，2011。

化的心',才配为农民服务,才配担负改造乡村生活的新使命。"①随后,每年在晓庄学校的校庆仪式上,他都会郑重地重述这份伟大的爱,强调晓庄办学的出发点是爱人类、爱民族、爱农民。他深情地表达,晓庄学校的"爱农人只是从农人出发,从最多数最不幸的出发,它的目光,没有一刻不注意到中华民族和人类的全体"②。可以说,这份爱的目光绝不仅限于农民,而是广泛照耀着整个中华民族和人类。

与此同时,陶行知把目光聚焦在儿童身上,将所有的希冀和期待都投注于他们的未来。他坚信,从前世界属大人,以后世界属儿童,儿童是未来的主人,是战胜敌人的后备军,是建国时代的战斗员,是民族未来的巨子。③ 他毫不留情地批判了那些过去轻视儿童存在、忽视儿童价值的人们,因为这些人错误地认为儿童毫无用处,只值得被供养,而不值得受教育,或者认为他们只配担负沉重的教材,而不值得了解社会生活。

陶行知带着深沉的情感,恳切呼唤众人一同努力扭转现状,"敲碎儿童的地狱,创造儿童的乐园"④。同时,他提醒我们要避免两种对儿童有害的极端心理,一是忽视,二是期望过高。合理的辅导才是解除儿童痛苦、增进儿童幸福的正确路径。同时,陶行知也警示我们,儿童的乐园既不是由成年人独自创造出来的,也不是由儿童单独去建立的。唯有成年人毫不犹豫地融入儿童的行列,与他们共建这个乐园,新的儿童世界才会形成。

---

① 《陶行知选集(三卷本)》第 1 卷,338 页,北京,教育科学出版社,2011。
② 《陶行知选集(三卷本)》第 1 卷,402 页,北京,教育科学出版社,2011。
③ 《陶行知选集(三卷本)》第 2 卷,292 页,北京,教育科学出版社,2011。
④ 《陶行知选集(三卷本)》第 2 卷,307 页,北京,教育科学出版社,2011。

因此，他坚决提倡：加入儿童的行列，成为儿童中的一员，认识儿童的力量，解放儿童的创造力，培养儿童的创造力。只有这样，人们才能共同创造一个更美好的未来。

（二）千教万教，教人求真

陶行知强调，教师爱学生，不是取悦学生，不是哄骗学生趋乐避苦，而是对"真"抱有坚定的信仰。"真"不仅仅代表了对知识和真理的追求，还是仁爱与关怀的体现。因此，他强调教师的使命是"千教万教，教人求真"，学生的使命是"千学万学，学做真人"。[1] 这里的"真"具有多重深刻内涵。

首先，真正的教育拒绝伪知识，要与年青一代携手探索真知识的源头。海量书籍中存在真知识和假知识。陶行知深信："只有从经验里发生出来的文字才是真的文字知识，凡不是从经验里发生出来的文字都是伪的文字知识。"[2]因此，他强烈呼吁，应当坚决抛弃所有已存在的伪知识，坚决不让新的伪知识进入我们的思维领域，更要制止自己再传递伪知识给后辈，需要联手年青一代，共同投身于发现真知识的征程。毕竟，无论是个体的成长还是整个民族的生存，都必须以真知识为基石。真知识的积淀不仅为个体的发展铺平道路，也为整个社会的进步奠定坚实的基础。

其次，真正的教育应该是通过"教学做合一"来实现的。陶行知曾直言不讳地批评道："不做无学；不做无教；不能引导人做之教育，是假教育；

① 《陶行知选集（三卷本）》第 2 卷，268 页，北京，教育科学出版社，2011。
② 《陶行知选集（三卷本）》第 1 卷，169～170 页，北京，教育科学出版社，2011。

不能引导人做之学校，是假学校；不能引导人做之书本，是假书本。在假教育、假学校、假书本里自欺欺人的人，是假人——先生是假先生，学生是假学生。假先生和假学生所造成的国是假国，所造成的世界是假世界。"①对此，他明确指出："在做上教，才是真教；在做上学，才是真学。真教，才是先生；真学，才是学生。"②这意味着教育必须紧密融合实际行动，而非停留在传统的"教死书，读死书"的恶性循环中。如此明确的教育理念生动阐明了陶行知"知识不应孤立存在，而应融入日常生活，将教育与实际行动相结合"的真教育主张。

最后，真正的教育必须与现实生活相结合，是一种与实际生活相契合的活教育。何谓活教育呢？对于陶行知而言，这个"活"字胜过千言万语，因为它不仅是一种理念，更是一项崇高的使命。陶行知坚信，"我们教育儿童，第一步就要承认儿童是活的，要按照儿童的心理进行"③。同时，活的教育要了解"儿童不但有需要，并且还有能力"④。这意味着教育者应该顺应其能力去做，引导儿童充分发挥他们的潜能。此外，活的教育要承认不同儿童之间存在差异。陶行知指出，"小孩子他所吃下去的滋养料不同，他们所受的利益也就不能一致"⑤。教育者需要"按着时势而进行，依合着儿童的本能去支配……朝着最新最活的方面做去"⑥。因此，只有赋予学生

---

① 《陶行知选集(三卷本)》第 1 卷，425 页，北京，教育科学出版社，2011。
② 《陶行知选集(三卷本)》第 2 卷，14 页，北京，教育科学出版社，2011。
③ 《陶行知选集(三卷本)》第 1 卷，325 页，北京，教育科学出版社，2011。
④ 《陶行知选集(三卷本)》第 1 卷，326 页，北京，教育科学出版社，2011。
⑤ 《陶行知选集(三卷本)》第 1 卷，328 页，北京，教育科学出版社，2011。
⑥ 《陶行知选集(三卷本)》第 1 卷，329 页，北京，教育科学出版社，2011。

生活力的教育，与实际生活相契合的活教育，才是真教育。

在这种坚守求真信念的指导下，陶行知明确提出，第一流的教师必须具备两个基本要素。首先，必须拥有真知灼见。这意味着教师需要真正了解并深刻理解所教授的内容，以便将知识传递给学生。其次，必须"肯说真话，敢驳假话，不说谎话"①。他多次强调："教师只能说真话。说假话便是骗子，怎么能做教师呢？"他鼓励学生尊重并学习那些杰出的教师，以追求真理和知识，最终让真理如阳光一般照亮被迷雾弥漫的思维。

(三)唯独学而不厌的人，才可以诲人不倦

陶行知强调教师要以身作则，"重师首在师之自重"②。他曾指出，许多学生和教师存在一个问题，即容易自满。特别是那些从事教育工作的人，只专注于传授知识给学生，而"忘记自己也是一个永久不会毕业的学生"③，陷入"天天卖旧货"的倦怠生活。

而事实上好的教师始终不能懈怠，不能放松，必须不断地进步。一方面，大众和学生在不断进步，教师必须不断地前进才能承担教育使命。陶行知坦言："一个不长进的人是不配教人、不能教人、也不高兴教人。"④教师"并不是贩卖些知识来，就可以终身卖不尽的"⑤。尤其在学校共同生活

---

① 《陶行知选集(三卷本)》第 2 卷，265 页，北京，教育科学出版社，2011。
② 《陶行知选集(三卷本)》第 2 卷，518 页，北京，教育科学出版社，2011。
③ 《陶行知选集(三卷本)》第 2 卷，274 页，北京，教育科学出版社，2011。
④ 《陶行知选集(三卷本)》第 2 卷，109 页，北京，教育科学出版社，2011。
⑤ 《陶行知选集(三卷本)》第 1 卷，324 页，北京，教育科学出版社，2011。

中，优秀的学生通常都渴望在知识和修养上超越自己的老师。面对"后生可畏"的压力，陶行知提醒教师们："我们确不能懈怠，不能放松，一定要鞭策自己，努力跑在学生前头引导学生，这是我们应有的责任。"①

另一方面，教育事业的乏味和无趣是教育者故步自封，不能自新所致。"唯其学而不厌才能诲人不倦；如果天天卖旧货，索然无味，要想教师生活不感觉到疲倦是很困难了。"②"只有好学，才是终身进步之保险，也就是长青不老之保证。"③"要想做教师的人把岗位站得长久，必须使他们有机会一面教，一面学，教到老、学到老。"④正如陶行知所说的："所以我们做教师的人，必须天天学习，天天进行再教育，才能有教学之乐而无教学之苦。"⑤此外，这种教与学相辅相成，不仅丰富了教学，也让教师感受到了通过学习和发表新思想所获得的愉悦。

此外，陶行知不仅注重自我教育的重要性，还提供了促使教师进修和提升的具体建议。他强调，"个人学习不如集体学习，偶尔学习不如经常学习"⑥。为实现这一目标，他提出了多个建议：广泛阅读与自己学科相关的书籍；与同领域的专家和同事建立联系；每周组织区分科别的系统讲习会；定期举行讲演大会，聆听专家的演讲；教师可以选择专题，深入研究并准备详尽的报告；寒暑假期间进行旅行和实地研究；建立流通图书馆，

① 《陶行知选集(三卷本)》第 1 卷，126 页，北京，教育科学出版社，2011。
② 《陶行知选集(三卷本)》第 2 卷，264 页，北京，教育科学出版社，2011。
③ 《陶行知选集(三卷本)》第 2 卷，274 页，北京，教育科学出版社，2011。
④ 《陶行知选集(三卷本)》第 2 卷，274 页，北京，教育科学出版社，2011。
⑤ 《陶行知选集(三卷本)》第 2 卷，264 页，北京，教育科学出版社，2011。
⑥ 《陶行知选集(三卷本)》第 2 卷，264 页，北京，教育科学出版社，2011。

促进教师之间资源共享和参考。此外，陶行知还认为教师们如果能够以集体的力量相互鼓励，不断进修，就能提高自己的水平，并且在更广泛范围产生积极的影响。

(四)拜学生为师，向学生学习

如上所述，陶行知坚信教师应不断接受自我再教育。这种自我再教育能使教师更有能力和动力去关心和关爱学生。在自我再教育的旅程中，他特别强调两位最伟大的老师——老百姓和小孩子。关于老百姓，陶行知认为教师需要学习他们的语言、情感和美德，以更好地理解和服务社会中的普通人。关于小孩子，他更是强调："我们要跟小孩子学习，不愿向小孩学习的人，不配做小孩的先生。"①在这一点上，陶行知态度诚恳、言语真诚，他曾在演讲中坦言："教师要教学生，先要拜学生为师，向学生学习……所以，我今天来是向你们——我的老师们学习的。"②他以这种谦虚和尊重的态度强调了向学生学习的重要性。

向学生学习可能听起来有些不同寻常，但实际上，教师有必要向学生学习，以更好地了解他们的需求，这也有助于教师自己的成长。陶行知强调："一个人不懂小孩的心理，小孩的问题，小孩的困难，小孩的愿望，小孩的脾气，如何能教小孩？如何能知道小孩的力量？而让他们发挥出小小的创造力？"③可以说，教师若不愿虚心向学生请教，会失去理解他们的

---

① 《陶行知选集(三卷本)》第 2 卷，266 页，北京，教育科学出版社，2011。
② 《陶行知选集(三卷本)》第 2 卷，230 页，北京，教育科学出版社，2011。
③ 《陶行知选集(三卷本)》第 2 卷，266 页，北京，教育科学出版社，2011。

机会。那么，"你就有天大的本事也不能教导他"①。与此同时，陶行知鼓励教师从轻视学生转向相信学生，并且提醒教师："你只须承认小孩有教你的能力，你不久就会发现小孩能教你的事情多着咧；只须你甘心情愿跟你的学生做学生，他们便能把你的'思想的青春'留住；他们能为你保险，使你永远不落伍。"②因此，跟学生学习不仅有助于更好地教育他们，也有助于教师自己的成长。

那么，如何从这些小孩子身上汲取智慧呢？陶行知提醒教育者们，就如同他对师范生所说的那样，教师必须变成小孩子，或者说，回归童真。他鼓励教育者："忘了你们的年纪，变个十足的小孩子，加入在小孩子的队伍里去吧！您若变成小孩子，便有惊人的奇迹出现：师生立刻成为朋友，学校立刻成为乐园；您立刻觉得是和小孩子一般儿大，一块儿玩，一处儿做工，谁也不觉得您是先生，您便成了真正的先生。"③陶行知进一步强调："我们必得会变小孩子，才配做小孩子的先生。"④这是因为只有当教师自己变成小孩子，能够站在他们的角度去看待问题，才能真正了解他们的需要，发现他们的潜能。

(五)创造出值得自己崇拜的人

陶行知认为，教师的成功是创造出值得自己崇拜的人。说得准确些，

---

① 《陶行知选集(三卷本)》第 2 卷，110 页，北京，教育科学出版社，2011。
② 《陶行知选集(三卷本)》第 2 卷，110 页，北京，教育科学出版社，2011。
③ 《陶行知选集(三卷本)》第 1 卷，275 页，北京，教育科学出版社，2011。
④ 《陶行知选集(三卷本)》第 1 卷，275 页，北京，教育科学出版社，2011。

"先生创造学生，学生也创造先生，学生先生合作而创造出值得彼此崇拜之活人"①。所以，最卓越的教育者应当是那些与学生一同成长的教师，因为在这个共同成长的过程中，教师创造了学生，学生也创造了教师，这种共创共生的关系是人与人之间深刻关怀和无私关爱的完美体现。

然而，师生之间所要实现的互相成就和共同成长，必须建立在共学、共事、共修养、共甘苦的基础之上。

一方面，通过共学、共事、共修养、共甘苦，师生才得以在精神上沟通，建立一种相互理解和融洽的关系，使得精神融洽和真诚交流成为可能。陶行知始终强调："我们不但是一个人，并且是一个人中人。"②因此，他坚信，学校是师生共同生活的场所，教师和学生应该互相依赖、共同努力，去追求共同的目标。这就是他在教育信条中所强调的"师生共生活，共甘苦，为最好的教育"③。师生共生活、共甘苦，意味着"要学生做的事，教职员躬亲共做；要学生学的知识，教职员躬亲共学；要学生守的规矩，教职员躬亲共守"④。最终，理想的状态是，教师对学生，学生对教师，教师对教师，学生对学生，都要精神融洽，都要知无不言、言无不尽。只有在这理想状态中，人与人的隔阂才能完全被打通，才算是真正的精神沟通，才能实现真正的人格教育。

---

① 《陶行知选集（三卷本）》第 2 卷，233 页，北京，教育科学出版社，2011。
② 《陶行知选集（三卷本）》第 1 卷，407 页，北京，教育科学出版社，2011。
③ 《陶行知选集（三卷本）》第 1 卷，338 页，北京，教育科学出版社，2011。
④ 《陶行知选集（三卷本）》第 1 卷，125 页，北京，教育科学出版社，2011。

另一方面，在这种共学、共事、共修养、共甘苦的过程中，师生间互相感化、互相锻炼，使得彼此成就和共同成长成为可能。陶行知曾感慨，"人只晓得先生感化学生，锻炼学生，而不知学生彼此感化锻炼和感化锻炼先生力量之大"[①]。他始终强调，"人与人的关系是建筑在互助的友谊上"[②]，因而"人格要互相感化，习惯要互相锻炼"[③]。师生之间的这种相互感化和相互锻炼，能够促进教育者的精神年轻化，也能够让教育者更积极地面对学生的质疑和挑战。总而言之，师生共同生活的程度将决定师生共同成长的速度，也将决定学校发展的高度。

当然，教师要创造出值得自己崇拜的人，就必须教育学生将真理传递给更广泛的大众，引导他们拿起真理的火炬，引领社会前进的方向。正如陶行知所强调的，仅限于与学生相互学习不足以完成我们的教育使命，这种局限只会导致教育停滞，使教育成为一种与民族解放、大众解放、人类解放无关的事情。因此，作为教师，我们必须站在学生和大众的前线，为真理而战，这才是真正前进的教育。为了实现这一崇高理念，陶行知提出了"小先生制"。他希望通过这一实践让大家接受小孩子同样能成为教育者的事实，重视小先生所肩负的教育普及、民族解放之使命。可以说，小先生制充分体现了师生共同创造出值得彼此崇拜的人的理念。这也确实符合陶行知的教育信念："你若把你的生命放在学生的生命里，把你和你的学

---

① 《陶行知选集（三卷本）》第 1 卷，212 页，北京，教育科学出版社，2011。

② 《陶行知选集（三卷本）》第 1 卷，407 页，北京，教育科学出版社，2011。

③ 《陶行知选集（三卷本）》第 1 卷，212 页，北京，教育科学出版社，2011。

生的生命放在大众的生命里，这才算是尽了教师的天职。"①

　　陶行知的教育哲学深刻地阐释了仁爱的核心理念。他将自己的全部心意献给了农民和儿童，展示了他对这两个群体的无私热爱。他坚持教师爱学生，不是取悦学生，而应"千教万教，教人求真"，鼓励教育工作者和学生追求真理，用真理的光辉照亮教育之路。这体现了陶行知关于真理和道德的坚定信仰，同时也传达他对他人的真诚教导的渴望。陶行知坚持学而不厌，强调教育工作者必须不断学习，以提供更好的教育。他呼吁"拜学生为师，向学生学习"，鼓励教育者将学生视为伙伴，建立相互尊重和共同成长的共生关系。陶行知的教育思想融入了他的生活信仰和实际行动，如"捧着一颗心来，不带半根草去"，以及"为一大事来，做一大事去"的伟大人生理念。这些信仰鼓舞和指引无数教育工作者，将陶行知的仁爱遗产传承下去，无私地奉献于教育事业，造福人类社会。陶行知以坚定的仁爱信仰树立了永恒的楷模，彰显了仁爱教育的伟大力量。

三、叶圣陶：以"不言之教"践行爱

　　叶圣陶(1894—1988)，原名叶绍钧，字秉臣，我国著名教育家、作家。著有长篇小说《倪焕之》，散文集《小记十篇》等。叶圣陶是中国现代教育界的重要人物，他的教育思想深刻而独特。"教是为了不教"这一理念，是他教育思想的精髓，也是他践行爱的重要方式。叶圣陶希望儿童养成自

---

① 《陶行知选集(三卷本)》第 2 卷，111 页，北京，教育科学出版社，2011。

觉的、发展的、社会的种种品德和习惯，成为自主的现代人和现代公民；他希望儿童做到疑难能自决，是非能自辨，斗争能自奋，高精能自探①，从而成为拥有独立自主的品格和能力、能够服务人民、为国家做出贡献的人才；他倡导每个儿童"达到不需要教"的境界，成为终身自学、创新实践的时代新人。

（一）爱的前提是引导

爱的前提在于引导，而不只是时时掌握学生的思想、学习和生活。20世纪60年代，叶圣陶发表了《阅读是写作的基础》，指出："在课堂里教语文，最终目的在达到'不需要教'，使学生养成这样一种能力，不待老师教，自己能阅读……因此，一边教，一边要逐渐为'不需要教'打基础。"此后，叶圣陶在给语文老师的回信中说："此如扶孩子走路，虽小心扶持，而时时不忘放手也。"②在必要的时候，教师给予学生一定的启示和教导，使学生走在成长的轨道上，但教师也要学会放手，让学生有充分的空间去自我发展。

教师就是那个扶着学生走路的人，他们不仅要在知识上给予学生引导，更要在道德上、人格上为学生提供榜样。教师通过耐心的指导和关怀，帮助学生逐步获得独立思考和行动的能力，让学生在不断的实践中成长。"尽心尽力地教，目的在达到不需要教。学生真正不需要教了，这才是教育

---

① 任苏民：《教育与人生：叶圣陶教育论著选读》，293页，上海，上海教育出版社，2004。

② 《叶圣陶教育文集》第三卷，491页，北京，人民教育出版社，1994。

工作和教学工作的大成功。"①叶圣陶将学生的学习比喻为学习走路的过程，指出学生求知与成长的规律。"孩子看见人步行，非常艳羡，于是本着他的足的本能，努力学步，后来竟自己能走了。只有自己能走了，才可以算知道了走的意义，具备了走的知识。其实任何知识的获得，都与孩子学走一样。"②

　　教育应该以爱为基础。叶圣陶相信，只有当教师以真挚的爱心对待学生，才能真正地理解学生，从而找到最适合他们的教育方法。这种爱是理解和尊重，是关心和鼓励，而不是强制和压迫。教育不是简单的知识传递，而是要激发学生的主动性和创造性，培养他们的独立思考和解决问题的能力。教师在引导学生的过程中，需要摒弃传统的"填鸭式"教育方式，采用更为灵活、多样的教学方法，以激发学生的学习兴趣和热情。叶圣陶认为，如果他当小学老师，一定不会把学生当作讨厌的小家伙、烦心的小魔王，无论聪明还是愚蠢，他都要称他们为"小朋友"，从最细微处培养他们的好习惯；如果他当中学老师，会努力使学生能做人，能做事，成为健全的公民，不会把忠孝仁爱等抽象的德目灌输给学生，不会让学生做有名无实的事；如果他当大学老师，不会照本宣科，而是尽可能把自己的心得与学生分享，尽可能做学生的朋友。③ 这就是爱的关键，无论是小学老师、中学老师还是大学老师，都应当引导学生学习，而不是将知识灌输给他们。

---

　　①　周可桢：《语文教育家叶圣陶》，130 页，武汉，湖北科学技术出版社，2021。

　　②　叶圣陶：《给教师的建议》，44 页，北京，中国友谊出版公司，2019。

　　③　朱永新：《每朵乌云背后都有阳光：朱永新自选集》，18 页，北京，人民文学出版社，2021。

叶圣陶提倡"不愤不启,不悱不发"的教学方式,给予学生足够的思考空间和时间,培养学生的独立思考能力和解决问题的能力。教师还需要注重与学生进行情感沟通,要用心去理解每一个学生的需求和感受,尊重他们的个性和差异,给予他们必要的关爱和支持。只有这样,师生间才能建立起真正的信任和互动,学生才能感受到教师的关心和支持,从而更加积极地投入学习。教师要想帮助学生成为拥有独立思考和行动能力的人,就必须始终坚持以引导为主的教育方式,用心去关注学生的成长和发展。在当今时代,教师是否善于引导学生自学,是否能实现"教是为了不教",是教师是否"善教",是教师的专业水平是否真正得到提高的判断标准。唯有这样做的教师才够称得上名副其实的教育家。

(二)爱的关键是坚持学生主体

叶圣陶坚持学生主体性的原则。他认为,学生是教育的主体,是学习的主人。教师的责任在于激发学生的学习热情,引导他们主动参与学习。只有当学生意识到学习是自己的事情,他们才会更加投入,更加努力地学习。叶圣陶始终提倡"以学生为本",尊重学生的个性和兴趣,鼓励他们发挥自己的创造力和想象力。

叶圣陶认为,学生是主体,是"有生机的种子,本身具有萌发生长的机能,只要给以适宜的培育和护理,就能自然而然地长成佳谷、美蔬、好树、好花"[①]。学生是学习的主体,教师是教学过程中的引导者。教师传递

---

① 叶圣陶:《如果我当教师》,127页,长沙,湖南人民出版社,2022。

爱的关键就在于，教师将重要的、基本的知识作为例子教给学生，而其他的知识，需要学生学会举一反三、融会贯通。要实现这个目标，教师需要转变传统的教育观念和方法，从传统的知识传授者转变为学生的引导者和启发者，关注学生的需求和问题，提供具有启发性的学习材料和活动，引导学生通过思考和实践来解决问题。同时，教师还应该鼓励学生进行自主学习和合作学习，培养他们的合作精神和创新能力。

教师对学生的爱体现为坚持学生主体性，为学生的进步感到开心。在叶圣陶的教育生涯中，他经常为学生的进步欢欣鼓舞，也会为教学秩序混乱而沮丧不安。他确信，学生在课堂上的表现、学生的发展，与教师的情绪和精神紧密相连。当教师的感悟随着学生的成长道路而发展，那就意味着教师对学生饱含深深的爱。

教师应当充分尊重和激发学生的主体性，使学生能够自我学习、自我发展、自我完善。叶圣陶主张，学生不是"空空的瓶子"，等着"揭开瓶盖，把各种知识、各项道德条目装进去"①。为了实现这一目标，教师需要转变传统的教育观念和方法，应当把重点放在培养学生的自主学习能力和独立思考能力上。教与学的关系应该是引导与自主学习的关系，而不是简单的传授与接受的关系。教师需要具备广博的知识和技能、良好的观察力和沟通能力，以及创新精神和实践能力，让每一个学生都能在爱的熏陶下快乐成长。

(三)爱融入教学相长中

爱体现为教学相长。教育就是教人自我教育，同时教学相长、师生互

---

① 叶圣陶：《叶圣陶散文》，49页，北京，中国广播电视出版社，1997。

相教育。于教育者而言，仁爱体现在教育不仅仅是传授知识，还必须培养学生的独立性、自主性和创新性。于教育者而言，仁爱还体现在教师的不断成长中。

教师应该不断学习、不断成长，尤其要向自己的教育对象学习。叶圣陶认为"只有做学生的学生才能做学生的先生"①，这句话强调了师生关系的本质。教师只有深入了解学生，才能成为他们的先生。这其中蕴含着深深的仁爱精神，即对每一个学生的尊重和关爱。教师需要将心比心，试着理解学生的内心世界。每个学生都有他独特的成长经历和情感体验，这些会影响他的学习和生活。作为教师，只有了解并尊重这些差异，才能更好地指导学生的学习。

在叶圣陶看来，"做学生的学生"，并不是从知识多少的角度来看待师生关系，而是指在教育过程中，教师应该保持一种谦虚、学习的态度。教师应该时刻反思自己的教学方法和策略，不断学习和提升，以满足学生的需求，帮助他们更好地学习。"做学生的先生"意味着教师不仅要传授知识，而且要引导学生成长。教师不仅要在课堂上传授知识，而且要通过自身的言行影响学生，帮助他们树立正确的人生观和价值观。

教育过程是学生自我引导，学会自学，并坚持终身自学的过程。叶圣陶一贯主张，教师既要引导学生在知识和技能上达到"自我历练"，又要引导学生在思想、品德上"自辨是非"；既要引导学生自己去读书，又要引导学生主动去实践；既要有学习方法的指导，又要有学习动机、学习习惯等

---

① 叶圣陶：《如果我当教师》，18 页，长沙，湖南人民出版社，2022。

方面的培养。这种引导，不仅是"言传"，更是"身教"。在这一点上，教师的角色不仅仅是教育者，更是引导者和朋友。从仁爱的角度来看，这句话强调了教师对学生的关爱和责任感。只有真正地关心学生，才能做到用心去教学生，用爱去感染学生。这种关爱不仅体现在知识的传授上，更体现在对学生的尊重和理解上。

(四)爱的最高境界是"不教"

爱的最高境界是"不教"，学生能自学，实现自我提升。20世纪80年代，叶圣陶表达过，"教是为了达到不需要教"，不教不是因为学生学成了，而是学生能够自己学习了，不再需要教师教了。针对当时课堂教学存在的弊端，叶圣陶批判一些教师在课堂中的做法，即"预先编定教案，自己怎样问，学生应当怎样答"①，这样设计的教学，既不能反映学生真实的学习情况，也不能体现教师灵活应对课堂情况、把握教学节奏的能力。教师好像充当了演员的角色，而学生只是台下的观众，这样被动式的课堂显然不利于学生的成长。基于这种教学情况，叶圣陶提出，教是为了不教。这句话具体分为教师的教和对学生的不教两方面内容。从"教"的角度来看，教科书、教学设计都是次要的，教师才是关键。教师应当理解教与学的辩证关系。在教学中，教是手段，学是目的，教学的最终目的是"自能读书，不待老师讲；自能作文，不待老师改"②。教师既要教书，也要育

---

① 叶圣陶：《如果我当教师》，180页，长沙，湖南人民出版社，2022。
② 方有林：《吕叔湘》，90页，北京，语文出版社，2021。

人。在教书方面，教师要毫无保留地将自己的知识传授给学生，还要把研究用的方法和收集到的资料分享给学生，尽心竭力帮助学生。在育人方面，教师应该具有明辨善恶的能力，只有教师先具备这种能力，才能在言行举止中将之传授给学生。从"不教"的角度来看，学生才是学习的主体。教师只有通过激发学生的学习热情，培养学生的探究精神，结合基本的知识积累，方可真正达到"不教"。

"不教"是爱的最高境界，教师不再只是传授知识，而是更注重引导学生自己发现、思考和实践，帮助他们形成自己的知识和能力。教育的最终目的是学生能够独立自主地学习和生活，不再需要教师的教诲和指导。这样的教育过程充满了教师对学生的爱。为了达到这个境界，叶圣陶先生提出了一些具体的教学方法和原则。他认为教师应当充分了解学生的学情，根据学生的实际情况进行教学设计。一辈子坚持学习的教师，才能达到爱的最高境界。

叶圣陶的教育思想表明，爱体现在教育过程中的一个标志是，教师对教学富有激情、对学生充满信心、对教育充满期待，一上课就会紧紧抓住学生的注意力，能够激起学生的兴趣，使他们很快进入最佳学习状态。学生的学习兴趣越浓，自学的积极性就越高。教师把学生的潜在学习积极性调动起来，就能促使他们以更高的热情参与到课堂学习中，自主完成学习任务，并把这种积极性延续到课堂之外。

爱体现在教育过程中的另一个标志是，教师采用"不愤不启，不悱不发"的教学方式，教师只有在学生努力思考而不知道答案时才进行启发，只有在学生思考后有所体会但无法准确表达时才进行引导。评价教师课堂教学效果的最好方式是，看教师是不是善于启发学生、引导学生，看学生是不是真有所得。这种评价标准不是基于学生的学习成绩，也不是以数据的方式测评学生的抬头率，而是依据教师的授课方式和学生的学习收获。如果学生在课堂上露出快乐的神情，注意力一直处于集中的状态，能够体验到课程的幸福，那么这样的课堂就是好的课堂；如果教师不采用满堂灌的方式，而是时不时与学生自然地进行互动，那么这样的教师就是有爱的教师。

（五）爱的养成从家庭教育起步

教育就是培养良好的习惯，"言传胜于身教"是叶圣陶家庭教育思想的核心内容，也是他在家庭教育中一直坚持的做法。培养良好的习惯是实现"不教"的重要手段。叶圣陶指出，养成好的习惯，可以通过以下三种方式实现。第一，好的习惯要落实在具体的行动上，从小事和细节抓起。第二，要有理想，不依靠他人的力量，要靠自己来养成好习惯。第三，注意区分好习惯和坏习惯。好的习惯不能妨碍他人，并且要让自己终身受益。好习惯属于"为人"的范畴，"为人"比"为学"更重要。

叶圣陶也是这样教育自己的晚辈的，用自己的行动把方法和道理传授给孩子们。叶圣陶的孙子叶永和曾经说起一件往事：他小时候有一次着急出去，随手一甩，西屋的门在身后"砰"的一声关上了。他当时意识到这违反了爷爷的规矩，赶忙往姑奶奶房间躲，没想到爷爷还是追到北屋，把他拽了回来，让他重新关门。叶圣陶的孙女叶小沫和爷爷一起生活了 40 年，爷爷一直要求她搬东西要轻拿轻放，但她常常会把这些要求抛在脑后。爷爷会把她叫住，让她把椅子搬起来重新轻放，把门打开来重新轻关，反复练习，直到养成习惯。她说自己的一些好习惯，正是在爷爷不厌其烦的督促下养成的。"爷爷从不说教，他始终坚持身教重于言教。"在叶小沫去小学教书的时候，叶圣陶给她写了一封信，分享了自己几十年来对教育的思考。"'教'好比牵着小孩的手带他走路，他开头不会走，故而要牵着他的手带他走，目的在于他自己能够走。待他自己能够走了，就把手放了，这就是'做到不用教'了。教师有这样的思想，他的'教'才是活的……做教师如果以为就该永远'教'下去，那就是'死'的了，你一定不能做这样的老师。"①

叶圣陶特别重视家庭教育，在各项教育里，家庭教育是最初、最基本的一项。家庭教育的作用甚至远远超过学校教育，因为儿童最初的几年大部分的时间是在家庭中度过的。家庭教育的作用与儿童"先入为主"的心理效应分不开，因为儿童年幼时接触的东西、阅读的材料，能够"印其脑中深镂而不可拔"②。叶圣陶一贯强调，教育子女本身是事业的重要组成部分，是作为一个成人的基本义务和责任。做了父母就注定应该负教育子女的责任，如果放弃了这个责任，就是不爱自己的子女。③

如何爱孩子才是真正的爱，叶圣陶也有自己独特的看法。作为父亲，叶圣陶也面临为自己的孩子选择学校的问题。1930年，他在《做了父亲》一文中就写道："一定要有理想的小学才把儿女送去，无异于看儿女作特别

---

① 杨基宁：《身教永远重于言教——叶小沫回忆爷爷叶圣陶》，载《同舟共进》，2022(4)。

② 朱永新：《叶圣陶教育名篇选》，452页，北京，人民教育出版社，2014。

③ 朱永新：《叶圣陶教育名篇选》，452页，北京，人民教育出版社，2014。

珍贵特别柔弱的花草，所以要保藏在装着暖气管的玻璃花房里。特别珍贵么，除了有些国家的华胄贵族，谁也不肯对儿女做这样的夸大口吻。特别柔弱么，那又是心所不甘，要抵挡得风雨，经历得霜雪，这才可喜。我现在作这样想，自笑以前的忧虑殊属无谓。"基于这样的思考，他的三个儿女，他的孙子孙女，都是在离家最近的学校读书。在叶小沫的回忆中，爷爷和爸爸从来都没有规定过他们必须学习什么知识、技能，也没有要求他们取得优异的学习成绩，而是更愿意听他们说发生在学校里的事情，引导他们多看、多想、多实践。

总之，叶圣陶的"教是为了不教"思想强调了教育的本质和目的，对于我国的中小学教学改革和家庭教育具有重要的指导意义。它提醒教师，教育的最终目的是使学生能够自我提高、自主学习，从而获得全面的发展。它提醒家长，应当注重激发孩子的内在潜力，培养他们的自学能力，塑造他们的良好品德，培养他们的创新精神，帮助他们适应社会的变化和发展。

四、陈鹤琴：在"活教育"中爱儿童

陈鹤琴（1892—1982），我国现代著名教育家、儿童心理学家，我国幼儿教育的开拓者和奠基人，清华学校（今清华大学）毕业后去美国哥伦比亚大学继续深造，回国后任南京高等师范学校教授、东南大学教授和南京师范学院（现南京师范大学）院长等。他的教育思想覆盖广泛且影响深远，涵盖了幼儿园、小学、家庭、社会等不同教育阶段和范畴；教育对象涉及婴儿、幼儿、青少年等普通受教育者和特殊受教育者；主题涵盖儿童心理、家庭教育、文字改革、特殊教育、幼儿园教育和幼儿师范教育等。他融通中西教育精髓，结合中国国情，提出许多真知灼见，特别是"活教育"思想。他为探索中国化、民主化、大众化的现代儿童教育道路奋斗了一生。

(一)"活教育"志趣：热爱儿童的"赤子之心"

陈鹤琴非常热爱儿童，正如他所言："我是喜欢儿童，儿童也是喜欢我的。"[①]他对儿童和事业的热爱是其不断从事教育探索的力量源泉。留美期间，儿童教育被视为不足挂齿的娃娃经，但在陈鹤琴看来是一桩神圣而伟大的事业。不可否认，爱来自内心的真诚，来自对儿童人格的尊重。陈鹤琴用一生实践着他对儿童的热爱与尊重。直到晚年，陈鹤琴还是一再表明他热爱儿童的思想和感情。1981 年 6 月，他在《家庭教育》重版序中写道："我虽然年已九旬，但热爱儿童，热爱教育事业之心依然十分炽热。"这正是陈鹤琴一生的真实写照。可以看出，陈鹤琴对儿童的爱是纯洁无私的，他对儿童的这种炽热感情，全部具体化为他的儿童教育和儿童的心理研究工作，以及撰写的著作和做出的贡献。

同时，陈鹤琴认为："热爱儿童，是作一个优良教师的起码条件。"[②]教育的过程是一个情感交流的过程，因此教育者必须热爱与尊重儿童。他要求教师对学生的爱应该体现为对其人格健全发展的全面关心。他在江西创

---

① 陈鹤琴：《我的半生》，40 页，上海，上海三联书店，2014。
② 《陈鹤琴教育文集》下卷，152 页，北京，北京出版社，1985。

办幼师时，要求学生一入学就到附小、幼稚园、婴儿园同儿童交朋友，认定一个儿童作为研究对象，通过与儿童相处，培养幼师学生对儿童、对教育工作的感情。他认为幼师对儿童的纯爱与尊重，对幼教工作的认识和决心，具有乐业、敬业、专业和创业的精神是先决条件，否则不能成为一个合格的幼教工作者。在幼稚园里，每一个教师不仅需要照顾儿童，更需要热爱与尊重儿童，这是实施好教育的前提和基础。教师应合理地摒弃传统的"师道尊严"的思想，用爱和理解与儿童沟通心灵，把儿童视为有独立人格的人，给他们探索的自由。他指出，儿童的独立性、自主性与儿童的自尊心、自爱心是连在一起的，所以对儿童的体罚只会打掉儿童的自尊与自爱，挫伤儿童学习的自主精神。在实践"活教育"的过程中，教师应该将"热爱儿童、尊重儿童"作为一种工作标准，从而为实施好教育儿童的工作奠定基础。

"活教育"的根本就是要学会"做人"，教育儿童最重要的是教他们如何做人。陈鹤琴认为，自有人类以来，每个人都很难离开社会这个环境而独立存活，这也是人区别于其他动物的最重要原因。"活教育"呼吁我们应该去学习如何做人，如何追求社会进步、人类发展。教师不仅应该传承传统教育的核心价值和基本精神，还应该回应时代发展的实际需要。陈鹤琴郑重提出了"活教育"的目的就是"做人、做中国人、做现代中国人"①。

他提出了做人的三个基本点：第一，必须爱人，不论国界、种族、阶

---

① 《陈鹤琴的"活教育"思想》，http://www.moe.gov.cn/jyb＿xwfb/s5148/201201/t20120104＿129048.html，2024-09-02。

级和宗教；第二，最爱真理，不为富贵贫穷所动摇；第三，要爱国，有天下一家的观念，有崇高的理想与精神追求。[①] 陈鹤琴指出："我们要有对世界的正确的看法，必须了解世界的事事物物，大自然是怎样在运动着，大社会是怎样在发展着。大自然大社会是与人生息息相关的。我们不能不去认识它，了解它，惟其认识世界，才能使眼光远大，不斤两于个人的利害得失。"[②]做世界人又有三个条件，即"爱国家，爱人类，爱真理"[③]。"爱国家"，就是要爱国家的光荣历史，爱国家的前途，爱国家的人民，主动担负起历史的重任，使国家进步繁荣、日新月异。"爱人类"，就是要爱全世界站在真理一边的劳苦大众，反对为少数人的利益而危害大多数人生存的人。陈鹤琴写道："全体人类的幸福，就必然的将由这正在受着苦难的大多数劳苦大众建造起来，人类的历史，就将因他们而辉煌起来。我们要爱这大多数人，我们应该了解他们，同情他们，帮助他们，与他们联合起来，共同为世界的光明前途而献出我们的力量，以实现我们'世界大同'或'天下一家'的人类最高的理想。"[④]"爱真理"，就是要养成求真求实的态度，脚踏实地，实事求是。真理是不会消失的，真理是我们做人、做中国人、做世界人的最高准则。所以我们必须认识真理，追求真理，用全心全力来爱真理。在这些不同的爱中，陈鹤琴尤为关注对儿童的"赤子之心"。在当时的社会，儿童教育被视为不足挂齿的职业，但陈鹤琴毅然选择热爱的儿

---

① 赵慧君、李春超：《中外教育史》，216 页，长春，吉林人民出版社，2004。
② 陈虹：《陈鹤琴与活教育》，63 页，长春，东北师范大学出版社，2010。
③ 陈虹：《陈鹤琴与活教育》，182 页，长春，东北师范大学出版社，2010。
④ 陈虹：《陈鹤琴与活教育》，65 页，长春，东北师范大学出版社，2010。

童教育事业。他在《家庭教育》的重版序中写道："儿童是振兴中华的希望，儿童教育是整个教育的基础，关系到我们伟大祖国的命运……我虽然年已九旬，但热爱儿童，热爱教育事业之心依然十分炽烈……愿为培育共产主义事业的幼苗再发一分光和热。"

(二)"活教育"环境：让儿童在良好环境和慈爱氛围中成长

陈鹤琴主张为儿童创设良好环境，在良好的条件下实施开展"活教育"。陈鹤琴针对当时我国幼稚园教育的情况明确指出，幼稚教育的一个弊病是儿童与环境的接触太少，在游戏室的时间太多。他说："小孩子生来是无知无识的，没有什么能力的。后来与环境、社会相接触始渐渐地稍有知识，稍有能力了。他与环境和社会相接触的机会愈多，他的知识愈丰富，他的能力也愈充分。"[①]"小孩子的知识是由经验来的。所接触的环境愈广，所得的知识当然愈多。所以我们要使小孩子与环境有充分的接触。"[②]在"活教育"理论体系中，陈鹤琴非常重视环境对儿童发展的作用，认为环境就像一双无形的手潜移默化地影响着儿童的学习和生活，必须为儿童创造良好环境，让儿童在条件优良、积极向上、充满爱的环境中健康快乐地成长。

陈鹤琴强调幼稚园不仅要注重物理环境的作用，而且要重视心理环境

---

① 《陈鹤琴"活教育"幼儿园教师实用手册》，61～62页，南京，南京师范大学出版社，2017。

② 秦元东、唐淑：《为儿童创设良好的环境——论陈鹤琴关于幼稚园环境创设的思想》，载《学前教育研究》，2002(6)。

的营造和创设，提倡给予"幼儿所接触的，能给他以刺激的一切物质"。幼儿应该在慈爱的气氛中成长，而不是经常受到恐惧与威胁的影响。陈鹤琴反对传统教育无视儿童天性，强制灌输和压制的教学氛围。他认为传统教学中一间教室、一把戒尺的管教式教学氛围如同一个教育工厂，生产出了一批批好似"标准件"的个体，缺乏个性、缺乏想法。在这种呆板的教学环境中，儿童在长期的恐惧与压抑的环境中丧失了好奇、好动、爱探究的优秀学习品质。因此，我们的教育就要彻底改变压抑的教学氛围，为儿童创设良好的心理环境，让儿童在宽松、自由的氛围中去尝试、发现、思考，在自主探究中得到发展。无论是在幼稚园的室内环境还是在幼稚园的室外环境，教师都要让儿童发现美、感受美，在充满爱的环境中，培养儿童的情感，陶冶儿童的性情。不仅教师要爱护儿童、了解儿童、相信儿童，家庭也要为儿童学习和成长提供和谐友爱的氛围，幼稚园与家庭应该合作起来共同教育儿童。他说："儿童教育是整个的、是继续的。"①只有两方配合，才会有大的效果。教育者和家长应当尊重儿童的人格，爱护他们的烂漫天真，不要用消极的老方法剥夺他们的活泼天性，必须给予适当的环境，使他们得到充分发展。我们应该突破对儿童个性和天性的忽视，学会尊重儿童、关爱儿童、理解儿童。

(三)"活教育"理念：树立以儿童为中心的教育观

陈鹤琴明确指出了旧儿童观的荒谬，认为不应该将儿童看作被动接受

---

① 《陈鹤琴教育思想读本·幼稚教育》，41 页，南京，南京师范大学出版社，2012。

一切的对象，对于儿童的观念也不应该是单一的、僵化的。

　　儿童期是个体一生旅途的起点，是终身发展的基础，短短几年便勾勒和描绘出人生百年图景。儿童期的学习更是承载着生命本真的生命之学。陈鹤琴的"活教育"的中心是儿童，在整个学习过程中儿童就是核心。"活教育"提出，儿童容易感受到各种不同的刺激和暗示，无论是语言、文字、图画还是动作等不同形式，都更容易被儿童理解和接受。"儿童不是'小人'，儿童的心理与成人的心理不同样，儿童的时期不仅作为成人之预备，亦具他的本身的价值，我们应当尊敬儿童的人格，爱护他的烂漫天真。"①教师必须多表扬、少批评，用鼓励的方法来控制儿童的行为，来督促儿童的求学。学习中的一切活动都是为了儿童，教师所持的儿童观是影响教育质量的关键。教师要注意以身作则，注意给学生施加积极的暗示影响。消极的制裁并没有多大的教育效果，只会引起学生的反感，使他们产生退缩行为。教师要尊重儿童作为学习主人的角色，积极发挥儿童的主体作用，深信儿童具有主动学习的能力，善于发现、探索儿童的潜能。

(四)"活教育"方法：让儿童在"做"中成长

　　陈鹤琴始终主张"做中学，做中教，做中求进步"②。这种"做"是师生双向共同进行的，在这个过程中，师生可以是师生关系、伙伴关系或朋友

---

　　①　《陈鹤琴教育文集》上卷，8 页，北京，北京出版社，1983。
　　②　《陈鹤琴幼儿教育文集》，204 页，太原，山西教育出版社，2022。

关系，儿童在轻松、愉悦的环境中学习，手脑并用。为了让儿童能够在"做"中更好地认识自己，形成良好的情感，陈鹤琴以人的五个手指作比喻，创造性地提出了课程结构的"五指活动"理论，也就是将课程内容具体分为健康、科学、社会、语文、艺术活动五个方面，但并不是意味着这五个方面互不相干。儿童的生活是整个的，教师教给儿童的内容应该是一个整体。这五种教育活动就像手的五个指头，既分离又联系，互相配合、互相渗透。通过这五类活动，儿童可以锻炼出强健的身体，能够认识自己、认识环境、了解自然与生命，能够活跃精神、形成良好的情感。陈鹤琴认为，可以从自然和社会这两类环境中选择儿童感兴趣且又适合学习的事物，设计不同的教学主题，组织融合科学、社会、语文、艺术、健康的活动，整体地、有系统地展示给儿童，让儿童去学习研究，帮助儿童更加全面、多元地了解这个世界。在具体教学中，陈鹤琴强调以"做"为基础，并始终坚持以儿童为中心。当然，儿童的"做"带有一定的盲目性，教师需要耐心地进行有效的指导，给予儿童足够的启发和引导。

为了更好地理解"活教育"教育内涵，践行"做中学"，陈鹤琴重视游戏对儿童的价值。儿童天生爱玩，游戏不仅是儿童的日常活动，而且是帮助儿童学习的重要手段。陈鹤琴主张游戏化的教学方法，对自己儿童时期所受的严禁"游戏"的教育做法非常不满，他说："先生个个装腔作势，做出'圣人'模样。"[1]陈鹤琴通过实验认识到儿童生来就喜欢游戏，游戏可以给

---

① 李小东：《童声童趣：晚清儿童的游戏及其乐趣——以回忆史料为中心的考察》，载《天津大学学报（社会科学版）》，2019(16)。

儿童快乐的感觉，做游戏的过程不仅可以使儿童活动筋骨、强身健体，而且可以使儿童的精神得到休息和放松。儿童的生命中不能没有游戏，伴随着儿童成长过程的游戏活动，由简单到复杂。通常情况下，两个月大的婴儿就能在床上不停地踢手踢脚，独自玩耍。随着幼儿心智的不断成熟，到了三四岁的时候，幼儿就可以玩动作比较复杂的游戏，并有新的玩法。比如，以前只能把椅子推来推去，到了这个年龄就可以把椅子抬来抬去，赋予游戏新的意义，可以当花轿子玩了。儿童长到八九岁，开始喜欢放风筝、踢毽子、玩蟋蟀、拍皮球、打棒头和捉迷藏等。更重要的是，游戏使儿童与外界接触，极大地丰富了知识，发展了能力，了解了自己所生活的世界。游戏可以给儿童带来快乐、经验、学识、思考和健康。教师要为儿童创设轻松游戏的环境，让儿童在游戏过程中学习和感受。

时代在进步，教育教学的方法也变得多种多样，教师和家长要注意发现有趣的教育教学方法，和儿童一起学习，才会达到良好的教育效果。陈鹤琴大力倡导解放儿童，提出的"活教育"思想，以及针对教育目标、课程设置、教学方法提出的一系列深刻见解，都体现了他重视儿童、尊重儿童、关爱儿童的师者仁心。作为中国儿童心理学、家庭教育和现代幼儿园的开创者，他为学前教育事业和儿童教学实践奉献了一生，也奋斗了一生。

五、鲁迅："教育根植于爱"

鲁迅（1881—1936），原名周樟寿，后改名周树人，字豫才，中国文学家、思想家和革命家。鲁迅既在文学上有着极高的造诣，也在教育上有着丰富的见地。

(一)立人之教

鲁迅相信，教育首要在于立人，也就是以人为本，尊重个性发展，启发独立精神，培养独立品格。立人之后，方能塑造新的国民精神，方能实现国家和民族的富强。为了立人，必须重视儿童。

立人的路径，被鲁迅概括为"非物质"和"立个人"。一方面要抵御对物质的过度崇拜；另一方面要张扬人的个性，觉悟人的尊严。从"非物质"来看，鲁迅一方面承认，西方的物质文明有着"世界之情状顿更，人民之事业益利"[1]的积极意义，即可以增进社会的物质条件；另一方面又担心"人惟客观之物质世界是趋，而主观之内面精神，乃舍置不之一省"[2]，即片面地追求物质利益，忽视了精神世界的光辉。从"立个人"来看，鲁迅相信，人本身就是自由的，不需要依赖于一种"观念世界"就可以独立存在。人在追寻价值之时，无须向外部追寻，"惟此自性，即造物主。惟有此我，本属自由；既本有矣，而更外求也，是曰矛盾"[3]。因此，不论是国家还是各种道德规范秩序，它们的建立都要从尊重个体的生命和自由意志出发，最终保障个体精神独立和自由的权利。所以"立人"能够促进国家和民族的富强，但国家和民族的富强本身并不是目的，或者说，人不是实现国家和民

---

① 《鲁迅全集》第1卷，23页，广州，花城出版社，2021。
② 《鲁迅全集》第1卷，26页，广州，花城出版社，2021。
③ 《鲁迅全集》第1卷，25页，广州，花城出版社，2021。

族目的的手段，人本身才是目的。"立人"说到底，就是要发现"生命"，发现"生命的价值"。相较于价值观已经成熟的难以改变的成年人，鲁迅更期望从下一代的培养做起。"立人"的教育思想表明了鲁迅对中国未来的乐观的期待，这源于其一生践行的爱民、爱族、爱国的大爱。

(二)爱民之教

鲁迅是一名讨伐腐朽落后旧文化的卓越战士，也是身怀教育理想并积极地投身于实践的教育者。鲁迅的教育理想与实践和救国的目标紧密相关。鲁迅对列强和封建文化侵蚀下的中国人怀有深深的同情，期望利用文学与教育滋养、启发民众。

鲁迅在蔡元培等人的支持下投身于教育，期望通过影响年青一代来塑造民族性格，最终影响全中国。1909 年，鲁迅从日本回到中国，担任浙江两级师范学堂(今杭州高级中学)教员。1912 年，鲁迅到当时的国民政府教育部工作。1920 年，蔡元培聘请鲁迅到北京大学担任讲师。在当时的北京大学，校长蔡元培采取"囊括大典，网罗众家，思想自由，兼容并包"的方针，为鲁迅从教期间传播自身的教育思想提供了很好的平台。1923 年，鲁迅受许寿裳的邀请在北京女子高等师范学校(后为北京女子师范大学，后并入北京师范大学)担任讲师。1926 年，鲁迅被时任北京女子师范大学校长易培基破格聘请为国文系教授。

担任教师期间，鲁迅将自己批判传统、追求进步的思想传播给学生。鲁迅在一生中，几乎总是要"寻求别样的人们"，也就是要接触新的人物、新的事物，从而拥有新的思想。刘和珍等爱国者让鲁迅对中国的前途依然抱有深切的期望。鲁迅一生所痛恨的、所抨击的，就是当时一部分中国人的麻木不仁与"看客"态度。但鲁迅并非一个悲观者，相反，他愿意相信中国的社会依然有进步革新的可能。所以他一生都在为医"心病"而奔走，这也是他坚持写作与从事教育的重要原因，走"文教救国"的道路——用文学与教育来唤醒人的良知。

鲁迅并未将自己从"看客"中摘出来，并没有从一个清醒者高高在上的角度讥讽与轻视，而是将自己的命运与中国人民的命运连在一起，真正践行了爱国、立民之教。他是一位真正的爱国者，时刻保持着乐观坚强和责任感。重病中的他，在去世前的两个月，在《这也是生活》一文中写道："熟识的墙壁，壁端的棱线，熟识的书堆，堆边的未订的画集，外面的进行着的夜，无穷的远方，无数的人们，都和我有关。"[①]

(三)爱在同理之心

鲁迅相信，教师能否真正关爱学生的关键就在于能否想学生之所想、感学生之所感。鲁迅之所以能有如此的感悟，与其在日本仙台医专留学期间和藤野先生的结识有关。藤野先生虽与鲁迅来自不同的文化背景，且有着不同的国籍，却能够尽可能地予以鲁迅这个来自异国他乡的留学生关照和帮助。鲁迅将在仙台医专的经历，尤其是与藤野老师的交往写成了《朝花夕拾》中的名篇《藤野先生》。[②] 初次相识，藤野老师给鲁迅留下的印象只

---

① 《鲁迅全集》第6卷，624页，北京，人民文学出版社，2005。
② 《鲁迅全集》第2卷，313页，北京，人民文学出版社，2005。

是"黑瘦的先生""缓慢而很有顿挫的声调"，因为藤野老师"穿衣服太模胡（意为'马虎'）了"还使后排学生发笑。然而，藤野老师教学之认真令人印象深刻。藤野老师每星期都会收起鲁迅课上抄写的讲义，"用红笔添改过了，不但增加了许多脱漏的地方，连文法的错误，也都一一订正"①。藤野老师对学生的同理心尤其突出。在鲁迅解剖实习了大概一个星期后，藤野老师很高兴地说："我因为听说中国人是很敬重鬼的，所以很担心，怕你不肯解剖尸体。现在总算放心了，没有这回事。"②鲁迅深深信任着藤野老师。当自己被同学诬陷考试作弊之时，鲁迅先将此事告知了藤野老师，藤野老师在几位熟识的学生的协助之下清除了流言。

在医专学习期间发生的一件事影响了鲁迅一生，当时国人的愚昧表现让他感到无比羞愧。在一次霉菌学的课上，临近下课之时播放了一段日本战胜俄国的片子。日军的胜利引起日本学生拍掌欢呼。然而，在其中"偏有中国人夹在里面：给俄国人做侦探，被日本军捕获，要枪毙了，围着看的也是一群中国人"。在鲁迅看来，旁观者远不止视频里的这些，"在讲堂里的还有一个我"③。这"还有一个我"的屈辱令鲁迅觉悟出自己必须做些不同的事情。他在《呐喊》自序中写道："从那一回以后，我便觉得医学并非一件紧要事，凡是愚弱的国民，即使体格如何健全，如何苗壮，也只能做毫无意义的示众的材料和看客，病死多少是不必以为不幸的。"④

---

① 《鲁迅全集》第 2 卷，224 页，广州，花城出版社，2021。
② 《鲁迅全集》第 2 卷，225 页，广州，花城出版社，2021。
③ 《鲁迅全集》第 2 卷，226 页，广州，花城出版社，2021。
④ 《鲁迅全集》第 1 卷，438～439 页，北京，人民文学出版社，2005。

在医专感悟到中国人之病医者不可医后，鲁迅做出了"弃医从文"的决定，藤野老师虽然深感遗憾，但是表达了支持。鲁迅终于做出了一项极重大的决定："将不学医学，并且离开这仙台。"听闻此事的藤野老师"脸色仿佛有些悲哀"，在将走的前几天把一张自己的照片交给了鲁迅，并在后面写道"惜别"。在北京的寓所，鲁迅将恩师的照片放在了自己的书桌对面，使自己每每仰头便能看到。在此后"每当夜间疲倦，正想偷懒时"，鲁迅总能"瞥见他黑瘦的面貌，似乎正要说出抑扬顿挫的话来"，于是就"忽又良心发现，而且增加勇气了，于是点上一枝烟，再继续写些为'正人君子'之流所深恶痛疾的文字"。①

与情绪高涨的为日俄战争胜利直呼"万岁"的日本学生相比，藤野老师这种超越国界的爱令鲁迅深受感触，这正是教育中"同理心之爱"的深刻体现，也最终对鲁迅的人格塑造产生了深远的影响。同学的讥讽和构陷，让藤野老师的关爱成为黑暗中带有温存的一束光。鲁迅说："他的对于我的热心的希望，不倦的教诲，小而言之，是为中国，就是希望中国有新的医学；大而言之，是为学术，就是希望新的医学传到中国去。他的性格，在我的眼里和心里是伟大的，虽然他的姓名并不为许多人所知道。"②

(四)批判之爱

鲁迅将中国的未来寄希望于下一代，面对中国惨痛的现实振臂高呼：

---

① 鲁迅：《鲁迅自述》，57 页，济南，泰山出版社，2022。
② 鲁迅：《鲁迅自述》，57 页，济南，泰山出版社，2022。

"救救孩子!"在《狂人日记》中,一位"狂人"叙述了自己的见闻。① 在狂人的眼中,自己的亲戚、朋友,乃至于自己的母亲、大哥都要吃人,要把自己吃掉。纵观几千年的历史,虽然"歪歪斜斜的每页上都写着'仁义道德'几个字",然而仔细一看就会发现,"满本都写着两个字是'吃人'"。而更令狂人害怕且伤心的是,明明是出生了还没多久的小孩子,就好像也想吃人。狂人顿悟:"这是他们娘老子教的!""吃人"的现实的确无比惨淡,但鲁迅依然对下一代人怀有深切期望。狂人相信,"没有吃过人的孩子,或者还有"。这些"没有吃过人"的孩子,或许终于可以做出像自己那般"从来如此,便对么?"的思考,或许真的可以成为"将来容不得吃人的人"。

鲁迅在《中国新文学大系》中对《狂人日记》做出了解释,"吃人"的意象"意在暴露家族制度和礼教的弊害"②,因此《狂人日记》文末所呼喊的"救救孩子",指的就是要将孩子从家族制度和礼教中解放出来,摆脱数千年的"吃人"传统。鲁迅在文章中已经意识到了,孩子是天真的,并不是生来就要"吃人"的。他们之所以从小便学着"吃人",多是因为自己就生活在一个"吃人"的环境当中,是因为他们的父母教他们一定要"吃人"。所以当时的"吃人"的社会,很大程度上需要父母做出改变:即便父母自己"吃过人",也不要教自己的孩子"吃人"。

在《狂人日记》中,我们已经能瞥到鲁迅对于儿童的看法,用一句话概括就是"爱之深,责之切"。对于小时就要"吃人"的儿童,鲁迅固然十分震

---

① 《鲁迅全集》第 1 卷,157~164 页,广州,花城出版社,2021。

② 鲁迅:《中国新文学大系·小说二集》,导言 2 页,上海,文艺出版社,2003。

惊和失望，但并不责怪他们，而更批判促使儿童"吃人"的家庭与社会。鲁迅爱着儿童，但他又不是无原则的博爱者。鲁迅欣赏儿童的自然纯真，敬佩儿童的丰富想象。在《看图识字》里面，鲁迅写道："孩子是可以敬服的，他常常想到星月以上的境界，想到地面下的情形，想到花卉的用处，想到昆虫的言语；他想飞上天空，他想潜入蚁穴……"[1]但同时，鲁迅对当下的儿童又抱有一种强烈的失望。在《上海的儿童》中，鲁迅写道："但一到大路上，映进眼帘来的却只是轩昂活泼地玩着走着的外国孩子，中国的儿童几乎看不见了。但也并非没有，只因为衣裤郎当，精神萎靡，被别人压得像影子一样，不能醒目了。"[2]在鲁迅的眼中，这原因是很显然的。在《热风》中，鲁迅感慨道："中国的孩子，只要生，不管他好不好，只要多，不管他才不才。生他的人，不负教他的责任。虽然'人口众多'这一句话，很可以闭了眼睛自负，然而这许多人口，便只在尘土中辗转，小的时候，不把他当人，大了以后，也做不了人。"[3]也就是说，儿童的天性被扼杀，不能醒目的原因就在于该负责的人不去负责。父母只管生不管养，学界和政界又以中国人口众多推卸责任，甚至还洋洋自得。

(五)以爱代恩

鲁迅对传统的家庭教育做出了批判，否定了以灌输"恩"的方式驯养儿童。鲁迅认为，现在的家庭教育就是要以自然天性的"爱"代替理解礼教约

---

① 《鲁迅全集》第 6 卷，37 页，北京，人民文学出版社，2005。
② 《鲁迅全集》第 4 卷，580 页，北京，人民文学出版社，2005。
③ 《鲁迅全集》第 1 卷，311～312 页，北京，人民文学出版社，2005。

束下的"恩"。在《我们现在怎样做父亲》一文中，鲁迅对家庭教育提出了自己的看法。[①] 鲁迅从生物进化的角度加以诠释。生物界无非三种现象，"一，要保存生命；二，要延续这生命；三，要发展这生命（就是进化）"。生物都这样做，父亲也就是这样做。生命的保存与延续，依赖于自己的种种本能，这其中最重要的便是食欲与性欲。两者的不同之处，仅在于"食欲是保存自己，保存现在生命的事；性欲是保存后裔，保存永久生命的事"。既然二者没那么不同，那么自然而然地，"饮食并非罪恶，并非不净；性交也就并非罪恶，并非不净"。而且，"饮食的结果，养活了自己，对于自己没有恩；性交的结果，生出子女，对于子女当然也算不了恩"。

但是旧中国的伦理纲常似乎与自然界这般显然的道理相违背，"夫妇是'人伦之中'，却说是'人伦之始'；性交是常事，却以为不净；生育也是常事，却以为天大的大功"。明明对生育之事遮遮掩掩，"独有对于孩子，却威严十足"。生物进化的准则应该是"后起的生命，总比以前的更有意义，更近完全，因此也更有价值，更可宝贵；前者的生命，应该牺牲于他"。本位应在幼者，但是在中国的旧见解中，本位反在长者。所以鲁迅声称父子间没有什么恩。

既然没有"恩"，不应该用威权维持家庭，家庭的存续真正依赖的应该是什么？鲁迅再次回归自然，认为："（自然界）他并不用'恩'，却给与生物以一种天性，我们称他为'爱'。"这种爱的情感广泛地体现在大自然的生物界，"总是挚爱他的幼子，不但绝无利益心情，甚或至于牺牲了自己，

---

① 《鲁迅全集》第 1 卷，64～72 页，广州，花城出版社，2021。

让他的将来的生命，去上那发展的长途。"既然如此，人类也应该一样。事实上，欧美家庭，大抵以幼者弱者为本位，而没有受到"圣人之徒"作践的农村地区的中国人，也同样体现出了这种朴素的感情。即便中国人被"圣贤书"长期感染，却依然"未灭绝"，就是因为这种天性"时时流露，时时萌蘖"。那么答案也就很显然了。所谓教育的本质应该就是"将这天性的爱，更加扩张，更加醇化；用无我的爱，自己牺牲于后起新人"。鲁迅将这一过程总结为三点。一是，理解。破除"（孩子是）缩小的成人"的长期的误解；二是，指导。因为"后起的人物，一定尤异于前"，所以长者应该成为"指导者、协商者"，而不能是"命令者"；三是，解放。必须解放子女，令其独立。那么家庭教育应该如何？"父母对于子女，应该健全的产生，尽力的教育，完全的解放"，且"觉醒的父母，完全应该是义务的，利他的，牺牲的"。鲁迅承认，这样的父母很难做，在中国尤其如此，因为"须一面清结旧账，一面开辟新路"。这是一种非常伟大的牺牲精神。一对伟大的父母，即便自己从黑暗中走来，却依然愿意肩负起这黑暗，为自己谋求光明的未来。"自己背着因袭的重担，肩住了黑暗的闸门，放他们到宽阔光明的地方去；此后幸福的度日，合理的做人。"

鲁迅的家庭教育目标并不是要求维护某种东西，而是希望能够借此开辟新的未来。鲁迅之所以能够在他人的攻讦之下坚持写作，何尝不是出于这种"爱"、这种伟大的牺牲精神。他认为自己身上肩负了这种不可推卸的责任——即便身处黑暗，却依然肩负沉重的闸门，为光明的前途开辟道路。

鲁迅是一位批评者，他不遗余力地批评讽刺，看似是一种不留情面的攻击，事实上根植于他爱国爱民的大爱，也寄托着他独有的温情。相较于向权贵阿谀奉承，相较于为了不得罪人而选择"调和"，鲁迅更愿意成为"匕首与投枪"，以身为利剑斩断腐朽与昏暗。既然不留情面，鲁迅免不得受到当时一些人的指责乃至攻击。也有人觉得鲁迅所谓改革理想只是空话，只是在搞"标新立异"。鲁迅对此只是一笑置之。他在《热风》中向青年做出寄语："愿中国青年都摆脱冷气，只是向上走，不必听自暴自弃者流的话。能做事的做事，能发声的发声。有一分热，发一分光，就令萤火一般，也可以在黑暗里发一点光，不必等候炬火。""我又愿中国青年都只是向上走，不必理会这冷笑和暗箭。"至于他人的攻击，鲁迅说："几粒石子，任他们暗地里掷来；几滴秽水，任他们从背后泼来就是了。"①这就是鲁迅的胆识与大爱。

　　总体来说，我国教育家们的仁爱教育思想体现了教育者对学生的关爱与尊重，强调了教育的全面性、个性化、情感性和道德性。无论是王阳明"仁民爱物"的教育、陶行知"捧着一颗心"做教育，还是叶圣陶、陈鹤琴和鲁迅的教育理念，都以关爱与尊重为核心，引领着教育实践向更加全面、个性、注重情感和道德的方向发展。上述教育家们的教育观念为教师指明了前进的方向，也为学生的成长和幸福奠定了坚实的基础。在未来的教育道路上，我们期待更多的教师能够继承和发展这些教育理念，为培养更多优秀的人才而努力奋斗。

---

① 《鲁迅全集》第 2 卷，22 页，广州，花城出版社，2021。

第二节 外国教育家的仁爱教育思想解读

在教育的天地里，外国教育家们的思想和实践犹如一幅丰富多彩的画卷。夸美纽斯提倡"泛爱"的教育，裴斯泰洛齐倡导"园丁式"的爱心教育，苏霍姆林斯基提出"把心灵献给孩子"，亚米契斯强调"爱的教育"，小原国芳则以"全人教育"践行爱。在他们的眼中，爱不仅是教育的出发点，更是教育的归宿。可以说，这些教育家们皆以仁爱为核心，彰显出对儿童成长的深刻理解与关怀。

一、夸美纽斯：泛爱的教育

夸美纽斯(Comenius，1592—1670)是 17 世纪捷克著名的教育改革家和教育理论家，是欧洲教育改革的重要先驱之一，是西方教育史上里程碑式的人物，留下了一系列系统的、专门的教育理论著作，被誉为教育史上的"哥白尼"。[①]

夸美纽斯于 1592 年生于摩拉维亚，他的童年时期受到战争和宗教冲

---

① 杨海涛、李化树：《夸美纽斯泛智教育思想及当代启示》，载《教育文化论坛》，2011(3)。

突的影响。他是普及教育的支持者，虽然并没有直接提出"教育中的爱"，但是他在其著作《语言学入门》《大教学论》《母育学校》中提倡的教育原则和主张，如泛智主义、全面发展，可以被解释为教育中的爱的不同形式。

（一）爱学生，让每个学生都有机会接受教育

夸美纽斯生活的时代，欧洲正由封建社会向资本主义社会过渡，文艺复兴带来了人性的解放，也让夸美纽斯的思想中闪烁着先进朴素的民主主义光芒。他教育思想的出发点，是为每一个学生提供能促进他智慧发展的教育，是一种百科全书式的教育思想和方式。他认为，教育应该面向所有学生，为每一个学生提供尽可能丰富、全面、科学的知识，使他们都能得到全面的发展；教育最大的理想就是"把一切事物交给一切人"，相信教育的巨大作用，相信每一个学生都可以成为一个健全的人；假如要去形成一个人，那便必须由教育去形成，教育确乎是人人所必需的。他反对传统教育对学生精神世界的无情压迫和摧残，提倡最大程度地普及教育，让学生愉快地去学习。为了让学生更好地学习，夸美纽斯设计了一个完整的四级学校教育体系，要将"智慧的光辉散播到全人类"，为全人类谋福利。他认为，教育的根本应该是培养学生的道德品质，使他们能够成为有用的社会成员。此外，夸美纽斯还指责当时的教育不平等，他主张学校必须向所有人开放，一切男女青年都应该进入学校接受教育。这在当时不仅体现出他对工人阶级和劳动人民的关切、呵护和体谅，更是打破了人们普遍的认知。

在看到人的成长需要适当教育的同时，夸美纽斯还明确主张关爱在个体成长过程中不可或缺。他认为这种关爱必须是适当的，而不是无原则

的、随意的溺爱。如果把握不好人与人之间关爱的尺度，个体的成长可能会偏离正确的方向与轨道，结果甚至适得其反。一方面，他主张把一切知识教给一切学生；另一方面，他在教学内容的选择上，坚决反对以神学为主要学习内容，他认为这些学习内容禁锢学生思想、约束学生自由，指出这不仅完全脱离了正常的轨道，而且脱离了学生的身心发展需要。① 他强调学校和教师应该传授实用的知识，他说："只有那些易于指明用途的事情才应教给学生。"②他用适当的方法教给学生天文、地理、算数、几何、历史、社会等方面的知识，进行知、言、行三方面的初步教育，还为学校增加了自然常识、唱歌、手工等很多学科，在帮助学生通晓必要的知识的基础上，培养学生多方面的爱好兴趣。夸美纽斯指出，教师并不需要要求所有学生都通晓一切科学和艺术，人生是短暂的，而知识是无限的，应当学习那些对我们的现实生活有所帮助的知识，为生活而学习。总之，夸美纽斯为教师树立了为所有学生提供最好的教育的远大理想，提出了普及教育思想，倡导教育内容应尽量实用，教育对象应实现普及。夸美纽斯高度肯定教育的价值，坚定相信孩子的智慧和力量。

(二)爱学生，就是要尊重学生身心自然发展

夸美纽斯十分重视学生的教育，主张普及义务教育，期望通过教育来减少社会的不平等现象。他把教育摆在一个十分重要的位置上，并且终身

---

① 田本娜：《夸美纽斯〈大教学论〉述评》，载《课程·教材·教法》，1981(2)。
② [捷克]夸美纽斯：《大教学论》，117页，北京，人民教育出版社，1984。

致力于教育的改革与推广工作。西方思想中注重探索自然、顺应自然的科学精神具有悠久的历史，自然主义教育理论源于古希腊一些哲学家的思想，然而真正提出关注学生成长需要、主张自然教育并进行论述的，当数夸美纽斯。适应自然、追随自然，也是他所有教育言论中的根本指导原则。在夸美纽斯的眼里，自然就是一部研究学生成长的最好的教材，我们应在观察自然万物生长规律的过程中探寻教育的法则和规律，而旧教育的根本错误就在于它违背了"自然"。他认为，自然界存在着普遍的规律，人是自然的一部分，人类的教育活动也应当遵循自然界的普遍规律，也就是"秩序"，人的发展应服从自然的安排，对人进行的教育也应该适应自然，适应学生身心发展的特点，遵循教育的"普遍秩序"，即在教育过程中教育者(教师和父母)应该探求和遵循教育的规律和学生本身的"自然"，关心学生的身心发展状态。① 以苹果树的生长需要园丁悉心的种植、灌溉与修剪为例，他认为幼儿期的学生具有极大的可塑性和创造力，要使其成为一个理性的、聪明的、有德行的人，教育者就必须在不同时期施加不断的、适切的训练和教诲，并且始终以热情、耐心、恒心对待学生的成长。

教育工作有规律可循，即必须以自然为师。夸美纽斯认为一切事物只需按照一定的秩序进行合理的安排，就可以产生巨大的力量并获得成功。因此，教师在日常教育教学过程中，应充分考虑到教育的诸多要素，如教育环境、教育方法、教学工作，应该以学生需求为中心，适应学生的身心发展和教育的普遍规律。对于教育者本身，他主张，教师要像园丁、画家

---

① 陆志远：《夸美纽斯适应自然教育原则的历史启示》，载《教育史研究》，2009(16)。

和建筑师那样将求教目光投向大自然，以一颗赤诚之心对待所面对的事物。

他强调，教育者应该以学生的兴趣和需要为出发点，尊重学生的个性和差异，注意激发学生的主动性和创造性。教育者应该注重情感交流和师生互动，用爱心和耐心引导学生，而不是用暴力和惩罚压制学生，所谓"实施这种教育的时候不用鞭笞，无须严酷或强迫，它可以实施得尽量和缓轻快，尽量自然(正同生物的体格长大，丝毫不需勉强或强迫肢体去伸展一样，因为如果合适地得到食物、照料和运用，身体是会逐渐地、不知不觉地自行生长，并且变强壮的。同样，我主张把养料、照顾和运用谨慎地供给心智，把它自然而然地导向智慧、德行和虔信)"①。

他的教育实践也反映了耐心经营、用心呵护的自然教育理念。他在自己创办的学校中，实行小班制和分级教学，采用讨论和观察等多种教学方法，鼓励学生自由发言和自主学习，培养学生的批判性思维和独立判断能力。他还关心学生的身心健康，提倡体育和音乐等课外活动，促进学生的全面发展。基于自然主义理念，夸美纽斯提出了一系列体现直观性、系统性、自觉性、巩固性的教学原则，主张给学生提供直观而清晰的知识，帮助学生理解和记忆，循序渐进、系统连贯地展开教学，尽最大努力激发学生的求知欲，根据学生的年龄特征和接受能力，调动他们的学习积极性，使学生主动地、自觉地进行学习。

---

① ［捷克］夸美纽斯：《大教学论》，64 页，北京，人民教育出版社，1984。

(三)爱学生，应倡导和谐教学理念

夸美纽斯赞美音乐家创作的优美音符，认为和谐应是没有分歧、没有不调和，充满温暖和爱意。和谐是一切事物的原则，和谐教育既要适应社会发展需要，也必须满足人的身心发展需要，把握教育中的各种关键要素，使教育的节奏舒适、协调，从而促进学生基本素质的提升，使其获得全面和谐充分发展的教育。夸美纽斯关注学生的发展和经验，认为每个个体一律平等，都有接受教育的可能性及必要性，这充分体现出他以学生为中心的教学理念的平等特色和仁爱精神。

夸美纽斯承认大自然的客观存在，同时强调个体的创造能力。在他看来，人是一种和谐的整体，人的理想状态是和谐统一的。他关心人的健康和幸福，注重人的精神和身体的和谐发展。只有依据人身心和谐的特征实施教育才能取得最佳的效果，他希望每个人都能受到和谐的教育，即让人得到多方面的关爱和发展机会，成为一个和谐发展的人，他认为人不过是身心两方面的一种和谐而已[1]。人在身心各个方面都存在和谐发展的"种子"，而教育就是要用爱和关心使这种和谐的"种子"继续生长，发展学生的知识和道德，实现人的和谐、社会的和谐、国家的和谐。在《母育学校》中，夸美纽斯构想了以学生人格的和谐发展为办学宗旨的学校，在这里学

---

[1] 何静娴：《论夸美纽斯和谐教育思想及其对我国教育的启示》，载《现代职业教育》，2018(7)。

生可以身心快乐地学习和生活。① 学校教育要重视学生实践能力的培养，要培养学生爱劳动、尊敬师长、爱人的宝贵品质，要在日常生活中潜移默化地把一切知识和优良品性灌输到学生的心灵之中，使其养成良好的行为习惯，拥有美好品质。人爱和谐、渴求和谐，在构建和谐社会、提倡素质教育的今天，夸美纽斯的和谐教育仍能给学校和教师以启发：宽容、关爱、尊重学生，使每一位学生都能得到全面、和谐的发展。

(四)爱学生，营造健康和谐师生关系

夸美纽斯认为教师属于选拔出来的知识丰富、道德高尚、懂得教学方法和教学艺术的专门人才。夸美纽斯反复强调，教师和医生一样，是自然的仆人，不是自然的主人。教师的使命是培养，不是改变。在他的眼里，教师充当的角色应是"燃上火""点好灯""接上穗"的引导者，是激发学生的求知欲、帮助学生学会自我主动发展的支持者、服务者和推动者。夸美纽斯批评教师没有耐性去开发潜藏在学生身上的知识源泉，并粗暴地将不适应的内容塞进学生的大脑等行为，指出教师应矢志不渝、努力开发学生的潜能并传播有价值的知识，温和地输入智慧和知识，面向全体学生，兼顾个别学生，为学生展示一个客观的世界，使每个学生潜在的能力都能得以充分的释放。

为了促成这样健康良好的师生关系，夸美纽斯认为师生间应该相互尊

---

① 曹晓敏：《剖析夸美纽斯〈母育学校〉中的学前教育思想》，载《文教资料》，2014(13)。

重、相互信任。教师应该尊重学生的自由意志，不能强迫学生做某件事，而应该用自己的经验和智慧去引导学生做正确的事情。学生也应该尊重教师的权威，遵守教师的规定，并要虚心接受教师的批评和指正。此外，教师应该主动营造信任的氛围，让学生感到安全，让他们有勇气去探索和尝试新的事物；学生应该虚心听取教师的建议，认真对待教师的教导。

(五)爱学生，努力使学生走向幸福

夸美纽斯高度认可教育对社会的作用，认为国家的希望在于青年得到合适的教导，"从而减少黑暗与倾轧，得到光明与和平"[1]。同时，他还高度肯定了教育对人的发展的作用，认为假如要形成一个人，就必须由教育去形成。他建议举行世界各国的协商会议，以建立一个没有纷争的世界，实现人人为人人，为世界平心静气地寻求共同幸福。[2] 他呼吁"最亲爱的儿童的父母们""青年人的教导者""有学问的人们""学者们"，社会中的所有人都来关心学生的教育。人的认识能力是无限的，人可以获得一切知识，在人们追求真理、获得知识的过程中，教师有着不可替代的作用。作为太阳底下最光辉的职业，教师应该注重个人素养的培养，提高授课的水平，与学生建立良好、和谐的关系，以德高、身正、博学、善教的形象引导学生获得知识、追求幸福。

作为新兴资产阶级的代表，夸美纽斯提出爱一切人、爱所有儿童、爱

---

① 孙强：《近代教育学的奠基人夸美纽斯》，14 页，太原，山西人民出版社，2018。
② 任钟印：《略论夸美纽斯教育思想的几个特点》，载《教育史研究》，2009(16)。

真理、爱和平。他反思了过去错误的学生观念，深切同情劳动人民，为世界的普遍和平呼吁游说，为国家民族复兴求助，期望建立光明、和平与宁静的理想社会。夸美纽斯的教育思想和活动始终没有脱离要使教育为人民的幸福、为人类的进步服务。教育者就是给人以知识、德行和虔信，使学生能理解世间万物，过好当下的生活，为未来的幸福生活做准备。他一生致力于民族独立、消除压迫及拓展教育改革视野。他是时代的产儿，推动了时代的前进，肩负着历史重任，让适应自然、关爱学生、泛智教育、和谐教育的新思潮汹涌奔流，在世界现代教育的发展上做出了不可磨灭的贡献，对后世有深远的影响。

二、裴斯泰洛齐：园丁式的爱心教育

裴斯泰洛齐(Pestalozzi，1746—1827)是 18 世纪瑞士的一位革命性的民主主义教育家。他强调儿童的全面发展，将"头脑、心灵和双手"(有时简单表述为"脑、心、手"或"头、心、手")融为一体，将母爱在儿童的成长中置于很高的地位，改变了教育理论和实践，深刻地影响了现代教育学，奠定了"园丁式"幼儿园的基本原则。

(一)济世之教

裴斯泰洛齐一生的教育实践源起于他对战乱中儿童深深的同情，他渴望能够在乱世中帮助儿童学会生存的本领。在 1774 年，不顾家庭贫困，他决心按照自己内心的理想建造一所全新的学校。这所位于新庄的"学校"

更多的是一场面向贫苦儿童的农业、工业的教育实验，而不是一所传统的学校。在这里，裴斯泰洛齐一边教儿童识字，一边教儿童农活和其他手艺。他的教育实验得到了一些人的关注，但由于财务困难，新庄的教育实践被迫在 1780 年结束。此次失败让裴斯泰洛齐的家人逐渐远离他，其教育理想的支持者变得越来越少。

在新庄学校运营失败后，裴斯泰洛齐的生活变得更加困难，但他并没有因此放弃济世救人的教育理想，反而将更多的热情和精力投入教育实践之中，并逐步形成了以"道德能力"为核心的教育思想。瑞士政府在施坦斯镇开办了一所孤儿院，聘请裴斯泰洛齐来管理这所机构。他欣然接受了这一邀请，他希望为这些可怜的孩子遭受的痛苦提供一点点补救，帮助他们心怀感激地生活。在施坦斯镇，裴斯泰洛齐不想从已有的知识出发教育儿童，而是希望帮助儿童在亲身经历中学习。他工作的核心目标就是要帮助儿童缓解遭受的痛苦，能顺利地在集体中生活。他认为，这些"道德能力"的培养可以分为三步：第一，一定要满足儿童的基本需要，使其进入一种内心的"道德感状态"，从而为形成道德能力打好基础；第二，通过练习让儿童形成良好的习惯；第三，让儿童谈论道德，以进一步强化他们对自身内在道德的理性认识。从中可以看出，裴斯泰洛齐相信，儿童天然地在内心就拥有道德判断的基础，只需要满足基本需要、不断训练，就会形成道德行为。在施坦斯镇的教育实践中，裴斯泰洛齐有意识地将感觉（心灵）、行动（双手）及思考（头脑）三者相结合，开始尝试一些创新性的教学方法。与此同时，相较于道德的认知，他更重视道德的行动。虽然施坦斯镇的学校最终被征作兵营而被迫关闭，但是施坦斯镇的教育实践促使裴斯泰洛齐对教育的理解进一步加深。这段经历进一步巩固了他以爱为指引的教育原则。他意识到爱和亲情在教育儿童，尤其是那些饱受战争创伤的儿童方面具有无可替代的重要性。

在施坦斯镇的教育实践之后，裴斯泰洛齐继续践行着济世救人的教育理想信念，不仅帮助了很多战乱期间流离失所的贫苦儿童，还为欧洲的教育改革打开了新的局面。在 1805 年，裴斯泰洛齐在瑞士的伊韦尔东建立了新式学校，将多年以来形成的教育思想全部付诸实践。在这所学校，教师教授德语、法语、拉丁语、希腊语，以及地理、自然、历史、文学、算数、几何、测量，还有绘画、写作与唱歌。这所学校有三个鲜明的特征：第一，这是一所实践由实验逐步形成的教育思想的绝佳场地；第二，这所学校同时接收富贵家庭和穷苦家庭的儿童；第三，这所学校成了教师接受新教育思想培训的场所。这所裴斯泰洛齐一手打造的校园，成了整个欧洲教育改革的范本，来访者络绎不绝。学校的成功为裴斯泰洛齐带来了很高的声誉，各国政府纷纷派遣自己的教育工作者向裴斯泰洛齐学习，希望能够在本国实施类似的教育系统。因此，裴斯泰洛齐的教育思想很快地传播至欧洲各地，影响了欧洲乃至全世界的教育观念。

(二)爱亦目的，爱亦手段

裴斯泰洛齐深受欧洲启蒙运动启发，认识到教育者应当顺应自然规律，重视人的价值，关注人的需求，尤其应关注人的爱与被爱的需要。在裴斯泰洛齐生活的年代，欧洲正值启蒙运动(17 世纪至 18 世纪)的高峰。这是一个以科学、民权和进步为代表的时代。以卢梭为代表的哲学家决心重塑人本身的价值，选择相信人内心天然带有的善意和潜力。在卢梭看来，教育儿童并不是要读文学名著，而是要认识自然、感受自然，即自然本身就是一本书，人们可以通过阅读这一本书来了解外界知识。而由文字和语言构成的书籍，是抽象的、反自然的，并不是儿童教育最理想的选择。

裴斯泰洛齐相信，每个人都是有价值的、有尊严的，且是作为一个整体而有价值，教会学生爱与被爱应该是教育的重要目标。裴斯泰洛齐相信，人性之善蕴于人的自然本性中。因此，人应该以全面发展为目标，也就是不应成为任何个人或者组织的工具。这是因为，人应当是自然界的一分子，作为自然的一分子的人必须是完整发展的。这种自然发展的结果，也就是裴斯泰洛齐相信的教育的首要目的，即塑造"有道德的人"。这种"有道德的人"，指的就是倾向于做好事，倾向于爱，将自身的行动植根于信仰，并尽可能地抛弃自私性的个体。

裴斯泰洛齐认为，完整的人应当有三个部分同时发展：一部分是"头脑"，即智识；一部分是"心灵"，即情感；一部分是"双手"，即身体活动。其中心灵的发展有着追求爱的自然倾向。头、心、手不是割裂的，也不分先后，而应当是融合的、同时发展的。这种发展源自一种自然的倾向，是一种深深根植于每个儿童的本能。在《天鹅之歌》中，裴斯泰洛齐这样描述："眼睛渴望看见，耳朵渴望听到声音，脚渴望行走，手渴望抓住东西。同样地，心渴望相信和爱，思维渴望思考。在人性的每个层面，都存在一种强烈的愿望，要超越最初的无活力和笨拙的状态，发展为更加强大的状态。这种内在的力量，在其早期形态中，存在于我们内心，如同一颗种子，尚未完全成长，但具备成为力量本身的潜力。"①

裴斯泰洛齐认为，游玩是儿童主动发出的、最为自然的行动，也就是儿童全面发展、学习爱与被爱的最好手段。儿童的"游玩"不应当是被强迫的，而必须是在自然的、充满爱的环境中自发产生的。教师应当鼓励或者引导儿童在游玩的过程中学习，而不是反过来，剥夺儿童的游玩天性。也就是说，游玩和教育两者并不是不相容的，反而，教育只有从儿童的亲身经验——游玩中取材才可能真正有效，才可能是全面的。这是因为，裴斯泰洛齐相信，儿童的头、心、手的成长有其自然规律，教师必须理解这些规律并基于规律开展教学，帮助儿童在自然、充满爱的环境中成长。他指出，只有基于自然规律的教育才可以被称为教育。游玩，这种充满欢乐，并且鼓励儿童传播爱、歌颂友谊的行为就是很好的教育方式。

在裴斯泰洛齐看来，教师是儿童自然学习过程的引导者，是父母在学校环境中的替代者，也就应当为儿童提供接近于父爱和母爱的情感资源。母亲—孩子的关系对于儿童的发展有着至关重要的影响。只有当母亲在一个充满爱的环境中满足了儿童的自然需要之后，儿童的爱、信任和感恩这三种最基本的道德情感才能得以培养。因此，最理想的学校就应该是社会和家庭的模拟，男教师应该是父亲角色的模拟，女教师应该是母亲角色的模拟。教育者的首要职责是帮助家庭培养有道德的人。这就要求教育者以爱、耐心和理解来对待教学。他相信，儿童只有在"面对面，心贴心"的情

---

① Arthur Brühlmeier，"Upbringing and Formative Education，"http：//en. heinrich-pestalozzi. de/fundamental _ideas/education，2024-03-21.

况下才能发展人性，所以儿童只有经历了被爱，才能学会去爱。

(三)纯洁之母爱滋养儿童之心灵

谁是儿童一生中第一位教师，甚至是最重要的教师？要回答这个问题我们就必须要思考，儿童的教育最初发生在何时，这最初的教育又由谁发出，以及能发挥怎样的作用。

裴斯泰洛齐相信，仅仅帮助儿童掌握知识和技能不能被称为完整的教育，母亲是儿童完整的自然成长所必需的引导者。儿童仅仅拥有支撑生存的"头脑"和"双手"不能算是真正的成长，也不是理想的自然状态。因为仅仅凭借"头脑"和"双手"，儿童依然难以探明其应当前往的方向。裴斯泰洛齐对母亲在儿童成长中的作用做出了回答："我们宏大的目标就是要发展孩童的心灵，我们的主要方法就是要发挥母亲的作用。母亲有资格成为孩子成长过程中的首要推动者，这是造物主亲自赋予她的资格；因为对真善美最真切的愿望已经深深地植根于母亲的内心，相较于(母亲之爱)还有什么能对儿童更具影响力，更具启发性？母爱，正是整个自然界中最真切、最无畏的力量……母亲需要提供的是一种有思想的爱……造物主赋予了孩子天性，这一天性蕴含了其生存所需的所有能力，但最重要的一点尚待决定——此心、此智、此手该如何使用？该为谁使用？这些问题的答案将关乎你珍爱的生命未来的幸福与痛苦。而母爱，就是孩子教育的先导。"①

---

① Heinrich Pestalozzi, "Letters on Early Education," https：//en. heinrich-pestaloz-zi. de/letters-on-early-education/overview/letter-ii-october-3-1818-1，2024-03-21.

在裴斯泰洛齐看来，儿童在出生的那一刻（甚至于出生之前）就开始了学习，母亲是第一位也是最重要的教师，母爱是儿童成长所必需的养分。儿童的第一所"学校"，就是其自然生活的家庭。他认为，母亲在儿童幼年时期给予的温暖、关怀和爱护是不可替代的。母亲最为纯洁的爱是儿童的全面发展，尤其是"心灵"的塑造不可或缺的，会对儿童的情感与道德建设产生重要的影响。母亲有责任，也有能力去充当先导。然而，这并不代表母亲的角色很容易胜任。裴斯泰洛齐说："母亲的责任有其简单之处，但也有十分困难之处。""我们应该坦诚地告诉她（不应欺骗这是十分容易的工作）。而我希望所有的母亲在克服困难之后，都会得到无与伦比的酬报。"

裴斯泰洛齐的思想与实践直接影响了同一时代和未来的大量教育家，间接地塑造了"幼儿园"的概念，对当时的教育哲学产生了深远影响。德国教育家福禄贝尔（Fröbel，1782—1852）就是裴斯泰洛齐的学生和教育思想实践者。裴斯泰洛齐以游戏为教学手段，以爱为指引，以自然的、全面的人为发展目标的教育思想深刻影响了福禄贝尔的教育哲学观。在裴斯泰洛齐的教育理论与实践的启发下，福禄贝尔创建了第一所以"幼儿园"（Kindergarten）为名的学前教育机构（意为"孩子们的花园"）。之所以命名为幼儿园，正是因为他将幼儿园视为花园，将幼儿视作花草，将教师视为园丁。他认为儿童应该在幼儿园这样亲近自然的环境中自然地成长，正如同自然界的花草生长一般，教师就是用爱去浇灌、呵护儿童心灵的园丁。裴斯泰洛齐关于家庭教育中爱的价值的观点在当时得到了很多教育学者的认可。梅森（Mason，1842—1923）在《夏洛特·梅森家庭教育法》中表示："父母还要时刻记得，用仁爱之心和高尚情操去感染孩子，给他们以精神养分。"①

裴斯泰洛齐的一生，就是实践其大爱的一生。他期望通过教育发展儿童天生的善意，解救其困顿，助其感恩生命，在动荡的时代得以生存。他坚持不懈的教育实践，为其带来了源源不断的灵感，最终结成了影响世界的教育哲学果实。他将自己对母亲的爱，每个孩子对母亲的爱，以及每位母亲施于孩子的无私的爱，上升至最高的地位。因为他相信，最为纯真的爱就能唤醒最为真挚的善意，也就是最好的教育。

三、苏霍姆林斯基：把心灵献给孩子

苏霍姆林斯基（Сухомлинский，1918—1970），是苏联教育家，是世界著名的教育实践家、教育改革家、教育思想家和教育理论家。他在平凡的教育工作中创造了丰硕业绩，通过梳理丰富多样的教育案例展开理论与实践的研究，用生动鲜活的文字写下了近 50 部专著、600 多篇论文、1 500 多个教育寓言，以及不计其数的教育书信。在中国，苏霍姆林斯基早已为广大教师群体所熟知，《给教师的一百条建议》等著作也成为无数教师的案头经典读物，激励一代又一代教育者怀着爱与敬意，投身伟大的教育实践。

苏霍姆林斯基的教育思想的核心是对人的真、善、美的追求，是对人

---

① ［英］梅森：《夏洛特·梅森家庭教育法》，25 页，武汉，武汉大学出版社，2014。

性的坚守。他的教育理念扎根于最基层的教育现场，充满着对儿童的热爱、信任和尊重。他将全部的情感和智慧都奉献给了儿童，用毕生的精力探索着人的培养问题和教育的真谛。他坚信，教育学首先是人学，教育是以心换心、以爱育爱的事业。他的教育思想超越了时空，彰显了对人性美德的珍视、追求和塑造，以及对教育者"仁而爱人"的深刻阐述。

(一)爱儿童，是教师最主要也是最重要的品质

"我生活中什么是最重要的呢？我可以不假思索地回答说：'爱孩子。'"[1]这句话透露出苏霍姆林斯基对儿童的深切情感。苏霍姆林斯基的话语中蕴含着一种强大的力量，那就是爱的力量。诚如他所言，"爱有巨大的力量，是一种巨大的智慧，无与伦比的艺术，它能创造奇迹——创造人的奇迹"[2]。

在苏霍姆林斯基的著作中，他深刻阐述了教育者与学生之间爱的关系。他说："因为在我们教师这一行业里，教育者是能施影响于他人精神世界的一种力量，而这种力量具体体现于对学生的爱。教师不爱学生，无异于歌手没有嗓音，乐师没有听觉，画家没有色彩感。"[3]这是一种深刻的洞察，教育者的力量源自对学生的深情厚谊，源自爱。

爱儿童，是教师最主要也是最重要的品质。苏霍姆林斯基认为，"一个好教师意味着什么？首先意味着他是个热爱孩子的人，感到跟孩子交往

---

① 《苏霍姆林斯基选集(五卷本)》第 3 卷，4 页，北京，教育科学出版社，2001。
② 《苏霍姆林斯基选集(五卷本)》第 2 卷，484 页，北京，教育科学出版社，2001。
③ 《苏霍姆林斯基选集(五卷本)》第 5 卷，423 页，北京，教育科学出版社，2001。

是一种乐趣，相信每个孩子都能成为一个好人，善于跟他们交朋友，关心孩子的快乐和悲伤，了解孩子的心灵，时刻都不忘记自己也曾是个孩子"①。换言之，"教育者最可贵的品质之一就是人性、对孩子们深沉的爱，兼有父母的亲昵温存和睿智的严厉与严格要求相结合的那种爱"②，"应能唤起他敏感的心灵去关怀周围世界，关怀人所创造的一切，服务于人的一切。当然，这首先是关怀人本身"③。

同时，这种爱不仅仅是为了塑造学生的未来，也是为了促进教师自身的成长。教师对学生的爱也在鼓舞着教师，是教师不断地从中汲取新的力量的源泉。苏霍姆林斯基曾说："我热爱儿童，其根源就在儿童本身，就在他们感知世界的乐观主义精神……与儿童的交往，会使你精神抖擞，充满朝气，所以这时我比任何时候都更愿意跟儿童们待在一起。"④师生间的这种交往本身也是欢乐的一个取之不竭的源泉，会不断地启发教师去深入了解学生、爱学生。

(二)教师的爱，是理智的人道之爱

教师的爱不是本能的爱，而是理智的人道的爱。正如苏霍姆林斯基所言："它因对人性的深刻认识和对个性一切长短的深刻理解而充满崇高精神，它能防止非理性行为与激励诚实和高尚行为。这种爱是教导人生活的

---

① 《苏霍姆林斯基选集(五卷本)》第 4 卷，58 页，北京，教育科学出版社，2001。
② 《苏霍姆林斯基选集(五卷本)》第 3 卷，15 页，北京，教育科学出版社，2001。
③ 《苏霍姆林斯基选集(五卷本)》第 2 卷，696 页，北京，教育科学出版社，2001。
④ 《苏霍姆林斯基选集(五卷本)》第 5 卷，430 页，北京，教育科学出版社，2001。

爱，这种爱不是轻浮的爱。"①这种深刻的爱，绝不是简单的情感，而是一种经过精心雕琢的情感，根植于对人性的深刻认知和对每个学生独特个性的深刻理解中。在苏霍姆林斯基的人道主义教育哲学中，这种深刻的、理智的爱需要时刻体现在教师的行为之中。

首先，教师必须看见儿童，关注儿童的精神世界。苏霍姆林斯基始终坚信，"没有也不可能有抽象的学生"②，注意每一个人，关怀每个儿童，并以关切而又深思熟虑的谨慎态度对待每个儿童的优缺点，这是教育过程的根本之根本。"教育者的任务，就是要在集体中看到未来的有才干的机械师、育种学家、设计师、数学理论家、矿藏勘探者、建筑工作者、冶金工作者，激发他们的天资，点燃每一个人的创造火花。"③可以说，"教师只有把自己的每一个学生都看成是未来的人，他才不愧为一个真正的教育家"④。因此，教师要真切地看见眼前的这一个个活生生的、具体的人，同时教育者不应只看到人的物理形态，更要看见其精神形态；不仅要看到儿童的现实形态，还应预见其未来形态；教育者应当从儿童身上看见未来的父母，从儿童身上看见未来的社会建设者。⑤ 每一个儿童都是独特的，教育者需要以深刻而审慎的态度对待每一个儿童的特点和差异。

---

① 《苏霍姆林斯基选集（五卷本）》第 5 卷，425 页，北京，教育科学出版社，2001。

② ［苏联］苏霍姆林斯基：《给教师的一百条建议》，21 页，天津，天津人民出版社，1981。

③ 《苏霍姆林斯基选集（五卷本）》第 4 卷，518 页，北京，教育科学出版社，2001。

④ 《苏霍姆林斯基选集（五卷本）》第 5 卷，162 页，北京，教育科学出版社，2001。

⑤ 肖甦：《超越时空的人道主义教育学——纪念苏霍姆林斯基诞辰一百周年》，载《比较教育研究》，2018(11)。

其次，教师必须尊重儿童，保护儿童敏感的自尊心。在苏霍姆林斯基看来，教与学不是冷漠的知识转移，而是师生心灵的触碰与对话。他坦言："教师的最细致、最艰巨的任务之一，就是爱护并发展孩子的自尊感。"[1]教师在尝试了解儿童内心世界的时候，"不应伤害他们心灵深处最敏感的地方——人的自尊感。不恰当的，没有分寸的关心，如果伤害了儿童的人格、自尊和自豪感，那么也会像直接的侮辱一样刺伤儿童的心灵"[2]。因此，对于正处于从童年向少年期过渡的精神发展阶段的个体，教师和学校领导应具有非常细心的关注态度、恰如其分的分寸感和高度的尊重；切不可粗暴地把自己的意见强加于他们，要耐心听取他们的意见（有时甚至是错误的意见），要以平等待人的态度参加他们的争论。无论如何，教师应以平等的态度对待儿童，尊重他们的意见，耐心聆听他们的声音，建立亲近而平等的关系。

最后，教师必须相信儿童，相信他们的潜在品质。苏霍姆林斯基坚信，"相信人——这是一种巨大的精神力量，其中包含着我们这个社会人与人之间关系的真谛"[3]。对人怀有信心，是最宝贵的财富，也是成为一位优秀教育者的重要条件。这个信念深植于苏霍姆林斯基的心中，他强调教育者应善于发现人的积极因素，看到儿童内在的闪光点。只有当教育建立在相信儿童的基础之上时，它才会成为一种实际的、有力的引导力量。这种信任，就如苏霍姆林斯基所言，是儿童心灵中最娇柔的鲜花，需要被珍

---

[1] 《苏霍姆林斯基选集（五卷本）》第 4 卷，657 页，北京，教育科学出版社，2001。

[2] ［苏联］苏霍姆林斯基：《要相信孩子》，7 页，天津，天津人民出版社，1981。

[3] 《苏霍姆林斯基选集（五卷本）》第 5 卷，162 页，北京，教育科学出版社，2001。

视和保护。一旦被伤害，便会导致儿童开始变得固执、叛逆，失去对教师的信任。

然而，要赢得儿童的信任，教师必须公正。公正是教师被儿童信任的基础。如果教师"只抱冷漠无情的理性态度，对发生的一切都进行非常仔细的斟酌，惟恐各种可能的规定遵守得欠准确，就会引起儿童对教师的戒备和不信任态度"①。当教师"责备孩子蓄意干坏事、懒惰、马马虎虎，而实际上没有这种现象时，孩子就会感到非常委屈，进而同教师疏远，失去对教师的信赖"②。当信任被破坏时，儿童将变得执拗、不合作，甚至故意违背教师的要求。面对这种现象，苏霍姆林斯基曾反复强调，不要急于对学生惩罚。因为，惩罚是一种敏感性极强的教育手段。教师不能仅仅认为儿童不好的行为是出于恶意或故意的，而是应该试图理解儿童行为背后的原因，为他们提供机会改正错误。相信儿童能够通过自己的努力克服缺点，培养自我教育的能力，这是一种珍贵的信念。

(三)教师之爱，需要以培养全面和谐发展的人为导向

教师之爱如同潺潺流水，承载着育人的神圣使命，不断滋润着学生的心田，一路奔向远方。教育的使命，在苏霍姆林斯基看来，就是培养真正的人、全面发展的人。这无疑是苏霍姆林斯基对教育使命做出的深刻、准确的定位。

---

① 《苏霍姆林斯基选集(五卷本)》第 2 卷，538 页，北京，教育科学出版社，2001。
② [苏联]苏霍姆林斯基：《给教师的一百条建议》，252 页，天津，天津人民出版社，1981。

那么，何为"真正的人"？按照苏霍姆林斯基的理念，真正的人拥有一种特殊的精神状态——人的精神。这种精神在信仰和情感、决心和追求中表现出来，通过他们对待他人和自己的态度、对善恶的敏感、对理想的不懈追求等方面得以彰显。而"全面和谐发展"又是怎么定义的呢？在苏霍姆林斯基看来，"在一个全面发展的、活生生的、有血有肉的人身上，体现出力量、能力、热情和需要的完满与和谐"①，这种和谐里应能看到道德的、思想的、审美的、情感的、身体等的完善。他用五种角色勾勒出了全面和谐发展的形象，即社会物质生产领域和精神生活领域中的创造者；物质和精神财富的享用者；具有道德和文化素养、人类文化财富的鉴赏者和细心保护者；积极的社会活动参与者和公民；基于崇高道德的新家庭的建立者。②

为了实现培养全面和谐发展的人的教育目标，苏霍姆林斯基倡导以德为先的和谐教育。他阐明，"没有和谐的教育工作，就不可能培养出和谐的全面发展的人"③。所谓和谐教育，就是把人的活动的两种职能结合起来，实现其平衡发展。这两种职能是：认识和理解客观世界的职能，自我表现的职能。后者包括人的内在本质表现，人的世界观、意志力、性格在积极的劳动和创造中，以及在集体成员的相互关系中的表现。教育者应当对这种职能，即在人的表现上，加以深刻的思考，并朝着这个方向改革教育工作。同时，他提醒教育者在关注完善人的每个方面及特征的同时，时刻都要清楚它们之间的和谐由某种主导的、首要的东西所决定，"在这个

---

① 《苏霍姆林斯基选集(五卷本)》第1卷，93页，北京，教育科学出版社，2001。
② 《苏霍姆林斯基选集(五卷本)》第4卷，13页，北京，教育科学出版社，2001。
③ 《苏霍姆林斯基选集(五卷本)》第1卷，95页，北京，教育科学出版社，2001。

和谐里起决定作用的、主导的成分是道德"①。因此，德育既是全面和谐发展的导向，又是和谐教育的标杆。

显然，在苏霍姆林斯基那里，和谐教育的终极目标是使个体实现全面发展。面向人的全面发展这一终极目标，教师之爱，正如苏霍姆林斯基所言，是一种能够点燃学生内心的火焰，引导他们在知识和道德领域不断进步，培养学生具备感受力、同情心和真正的人道主义精神。

(四)教师之爱，需要充盈的精神财富提供养料

教师之爱，宛如参天大树，需要充盈的精神财富作为滋养的泉水。教师对儿童的睿智的人道之爱，是充盈着深沉的思考和丰富的思想的高尚感情。精神的空虚永远不能唤起真正的爱，也无法为这种爱提供生存的滋养。在这里，苏霍姆林斯基不仅仅描述了教师的爱，还强调了对教育和学生的深刻思考和关怀。

那么，如何在实际教育中注入高尚的理念，使师生关系充满崇高的情感呢？首先，教师应该在向学生传授知识的过程中展现自我，让学生的心灵不只是碰触到冰冷的理论，而是感受到充满激情的、活生生的个性。教育首先是教师与学生在精神上的交流和接触。教育者不应是冷漠的法官，而应该是一个拥有充盈精神财富的、与学生共情的、活生生的人。

如何成为拥有充盈精神财富的教师？苏霍姆林斯基认为，这取决于教

---

① 《苏霍姆林斯基选集(五卷本)》第 1 卷，93 页，北京，教育科学出版社，2001。

师教授给学生的知识在多大程度上已成为他铭记于心的个人信念，也取决于教师的一般修养、学问和科学视野的广度。这也就意味着，精神财富的充盈程度取决于教师的人格、知识和技能的存量。正如苏霍姆林斯基所强调的，教师的人格是从教的基石。"教育工作中所实施的一切——观点、信念、理想、世界观、兴趣、爱好等等的形成，都在教师的人格这个焦点上汇合。"①同时，"为了开阔和揭示那些领域，就要求教师拥有比大纲的要求多得多的知识。"②苏霍姆林斯基用形象的比喻解释道："教师播下的火种，不只是用打火石临时打出来的，而是在他思想里日复一日、年复一年燃烧着的，惟有在这种情况下，他才会点燃学生的思想之火。"③因此，他以过来人的经验提醒教师们："不管青年时期的工作多么紧张不懈，总能找出时间来逐渐地、一步一步地积累我们的精神财富——教育智慧。"④

精神财富和教育智慧的积累，要求教师必须在成为教育工作研究者的同时具备自我教育的意识和能力。苏霍姆林斯基曾说过："就逻辑本身而言，就哲学原理而言，就创造的特性而言，没有科学的研究便不可能有教育工作。"⑤因此，他鼓励教师成为教育工作的探索者和研究者。同时，精神财富的积累还需要广泛的阅读。"阅读乃是教师思想和创造的源泉，乃是生活不可或缺的部分。"⑥苏霍姆林斯基鼓励教师天天阅读，终身以书籍

---

① 《苏霍姆林斯基选集(五卷本)》第 4 卷，767 页，北京，教育科学出版社，2001。
② 《苏霍姆林斯基选集(五卷本)》第 4 卷，70 页，北京，教育科学出版社，2001。
③ 《苏霍姆林斯基选集(五卷本)》第 5 卷，436 页，北京，教育科学出版社，2001。
④ 《苏霍姆林斯基选集(五卷本)》第 2 卷，645 页，北京，教育科学出版社，2001。
⑤ 肖甦：《苏霍姆林斯基教育智慧格言》，317 页，北京，人民教育出版社，2014。
⑥ 《苏霍姆林斯基选集(五卷本)》第 5 卷，364 页，北京，教育科学出版社，2001。

为友。只有通过不断地充实自己的科学知识和智慧，教师才能在教学中点燃学生的思想之火，引导他们积极思考。此外，他还提醒教师应该选择多样化的书籍，包括关于所教科目的学科书籍、关于榜样人物的传记，以及关于儿童和青少年心理的书籍。这种广泛的阅读不仅有助于教师丰富知识，还有助于教师更好地理解学生，为学生提供更有效的教育。只有拥有充实的知识和精神财富，教师才能成为学生思维的引导者，点燃他们内心的思想之火，引领他们走向充实的未来。这正是教育之爱与教育使命相互交织的地方。

苏霍姆林斯基的仁爱教育思想强调了教师的关键作用，将教师的爱与教育的使命相结合，构建了一个深厚的教育体系。教师之爱，如同苏霍姆林斯基所言，是热情如火的，充满深沉的思考和丰富的思想。这种教师之爱是教育中最可贵的品质之一，是教育工作者与学生之间的强大纽带。这种爱不仅仅是热情和关怀，还包括对学生精神财富的滋养。教育者需要不断充实自己的知识和思想，以更好地启发学生的思维和创造力。

总体来说，苏霍姆林斯基的仁爱教育思想是一个立体的、超越时空的教育理念，它强调了人的全面和谐发展和精神世界的和谐展现。教师对学生的爱是这一理念的核心，这一理念是教育中的闪亮之星，点亮学生的心灵，为他们塑造人道主义的世界，培养出具备同情心和真正人道主义精神的新一代。因此，教育者今天和明天都可以从中汲取力量，继续传递这份珍贵的爱，让教育之火燃烧不息。

四、亚米契斯：爱的教育

亚米契斯(Amicis，1846—1908)，意大利作家，著有《爱的教育》等文学作品。中学之后，他在摩德纳城的一所军事学校继续学习，军旅生活对他的世界观和人生观产生了深远的影响。《爱的教育》是一部以教育为目的的日记体小说，弘扬了伟大的爱国主义精神，歌颂了人与人之间团结友爱的高尚情怀，鼓励人们消除阶级观念，努力实现各阶级人民相互尊重和相互平等。

(一)教师要真诚待人

教师向学生传递爱、关心和帮助，应当真诚、平等地对待每一个学生。这种爱既包括了教师对学生的关心和帮助，也包括了对来自不同家庭背景、地区学生的理解和尊重。教师的爱是无私的，能够带给学生温暖。爱的力量是无穷的，可以改变学生的思想，也可以改变学生的生活。

教师应当真诚对待学生的需要，热情与学生互动，不应该忽视个别学生的声音。亚米契斯认为，在每学期初，教师第一次见到学生的时候，可以用朴实的语言表达自己对学生的爱和关心，"你们就像我的子女一样。我会真诚地对待你们的，当然，你们也该真诚地对待我，我不希望任何一个人做出不轨的事，并且因此受到惩罚。请用你们的行动告诉我，你们都是好样儿的！只有这样，我们学校才能变成一个和睦的大家庭，而你们才能成为我的安慰和我的骄傲"①。在行动上，教师不仅要关注学生的成绩，还要关注学生的身体状况、情绪变化。

教师应遵循平等和尊重的教育理念，友好地对待每一个学生。教师需要引导学生看到弱势群体的优点。比如，盲人虽然有视力障碍，但他们的其他感觉很可能比普通人要灵敏。教师应经常鼓励盲童，让他们对自己的能力充满自信，对未来充满希望。

教师在处理学生之间的矛盾时，不应该用急躁的语气，而是应该用温和的态度指出学生的问题。新学生加入班集体时，教师可以让班里的同学拥抱这位学生，向他表示欢迎。

教师和学生之间的爱应是双向的。教师生病的时候，学生会及时表达对教师的关心，而教师也会牵挂学生在学校的表现。教师对学生的爱，是高尚的、无私的、纯粹的，不应带有个人的计较，不能希冀从学生身上获得相应的回报。这种教育方式和无私的爱，会在无形之中影响学生，学生将更加尊重教师，并采用温和的方式对待身边的同学和家长，甚至是陌生人。

(二)教师要关注学生个体差异

教师不仅是传授知识的人，更是塑造灵魂、引领未来的重要角色。每个学生都是独一无二的个体，拥有不同的性格、兴趣和学习方式。因此，教师需要具备敏锐的洞察力，深入了解每一个学生，理解学生的需求，以

---

① ［意］亚米契斯：《爱的教育》，5 页，上海，上海译文出版社，2009。

尊重和包容的态度对待学生。当学生遇到困难时可能会感到无助、沮丧甚至绝望。这时，教师的反应至关重要。如果教师选择呵斥或埋怨学生，不仅无法解决问题，还可能加剧学生的负面情绪，导致师生关系的疏远。相反，教师可以采用适当的肢体动作，如温柔地拍拍学生肩膀，以此传达教师对学生的关爱和宽慰。① 这种肢体接触传递出的信息是多层次的，它既是对学生当前困境的共情，也体现对他们未来潜力的信心，这种非言语的交流方式往往能更有效地拉近师生之间的心理距离。

教师通过充实的爱心教育，关注学生的个体差异，挖掘每个学生的闪光点，把学生的个性特长转化为积极进取的动力。面对缺乏自信的学生，教师应该学会赏识，通过学生表现出来的优势去挖掘学生尚未表现出来的能力，让学生感到被欣赏、被尊重和被肯定，这样可以帮助学生找到自我，找回自信。亚米契斯提倡教师在日常教学中采用鼓励和表扬的方式激励学生，即使是在学生犯错时也要给予建议和指导，帮助他们认识到错误并学会改正。临近考试，学生产生焦虑的情绪时，教师应该积极鼓励他们。亚米契斯给出了一个形象的例子，教师在考试前对学生们说："要沉住气！千万不要紧张！慢慢做！"②如果教师观察到一些学生失去信心、泄了气，可以使用富于抑扬顿挫的语调，或者摆出稍微夸张的表情，帮学生转移注意力，恢复信心。

无论是课堂教学，还是课外活动，教师的注意力应该与学生的表现紧

① ［意］亚米契斯：《爱的教育》，27 页，上海，上海译文出版社，2009。

② ［意］亚米契斯：《爱的教育》，343 页，上海，上海译文出版社，2009。

密相连。亚米契斯眼中的教师，始终以学生发展为重心，"当别的老师提问我们的时候，他总是目不转睛地看着我们，当我们支支吾吾答不清楚的时候，他就坐立不安；当我们回答得又快又好时，他就忍不住喜笑颜开。他还不时地点头或者摆手势向我们示意，好像在说：'对了!'或者'不是这样的!'或者'这里要注意了!'或者'慢慢说! 别着急! 仔细点儿! 勇敢点儿!'"①教师的心情与学生的表现紧密地联系在一起，师生通过分享彼此的喜怒哀乐，加深了彼此之间的信任和理解。教师要用爱心和耐心去引导学生，帮助他们克服困难，激发他们对学习的热情和对生活的热爱。在《爱的教育》中，教师为学生付出了所有的爱心和耐心，为学生"操碎了心"。"对于这些一年级的小孩子来说，老师在很大程度上和妈妈没有什么区别。老师要帮他们穿衣服，要帮他们包扎受伤的手指，要给他们捡掉在地上的帽子，还要当心孩子们相互间不要穿错了外套。"②教师要时刻关注学生的成长和变化，努力为他们创造一个和谐、快乐的学习环境。正是因为这样一份无私的付出和深沉的爱，学生可以在学校里茁壮成长，逐渐变得自信、独立和富有爱心。

(三)教师要培养学生的健全人格

教师对学生的爱应该是深沉而广阔的，它不仅仅是对学生的关心和照顾，更是一种对学生未来的期望和责任。在亚米契斯的教育理念中，这种

---

① ［意］亚米契斯：《爱的教育》，344 页，上海，上海译文出版社，2009。
② ［意］亚米契斯：《爱的教育》，31 页，上海，上海译文出版社，2009。

爱被赋予了更深层次的意义，它是教育的基石，是引领学生走向全面发展的关键。

教师应以身作则，用自己的言行影响每一个学生。在日常生活中，教师应该强调诚信是做人的基本准则，是社会和谐稳定的基石。他们通过讲述真实的故事和案例，让学生深刻认识到诚实守信的重要性。同时，教师也要求学生在学习和生活中做到言行一致，树立良好的榜样。在面对困难和挑战时，教师应该教导学生如何承担责任，因为承担责任是成长的必经之路，只有勇于承担责任，才能不断成长和进步。教师可以鼓励学生积极面对困难，勇于挑战自我，不断超越自己的极限。

为了让学生更好地理解和接受道德教育，教师可以采用各种生动有趣的教学方法。例如，教师选择一系列与学生生活密切相关的道德案例，尤其应涉及诚信、公正、责任等主题，从多方面引导学生在具体的情境中深入思考。除了案例分析，教师可以积极引入角色扮演这一教学方法。在模拟的社会情境中，学生扮演不同的角色，亲身体验道德冲突和选择带来的挑战。这种身临其境的学习方式会增强学生的代入感，让他们更加深刻地认识到道德行为的重要性和复杂性。同时，通过与其他同学的互动和交流，学生还能够学会尊重他人、理解他人的立场和感受，从而增强同理心和责任感。此外，开展实践活动也是非常必要的。教师还可以组织学生参加力所能及的社区服务和公益活动，让学生意识到关爱他人和奉献社会的价值。

亚米契斯主张教师对学生的爱不仅体现在教师真诚对待学生，关怀和理解、引导学生，还体现在教师应培养学生的社会情感和道德品质。教师应该教导学生如何以正确的语言和行动表达友情和亲情，不要忘记自己的好朋友，要懂得感激父母和其他长辈。这不仅能让学生在情感上得到滋养和成长，更能培养他们健全的人格。

总之，教师对学生的爱，是一种深沉而细腻的情感，它不仅仅扎根于教学互动中，而且渗透到每一个细微的教育瞬间。通过教师的教导，学生学会如何去爱，如何去关心他人，如何成为一个有道德、有责任感的人。教师对学生的影响是深远的，会伴随学生一生，成为他们成长道路上不可或缺的宝贵财富。

五、小原国芳：以"全人教育"践行爱

小原国芳(1887—1977)，日本教育家。在多年的教育生涯中，他投身于教育实践与教育理论研究中，为后人留下了丰硕的教育成果。尤其值得一提的，是其教育思想中的"全人教育"思想，不仅对当时世界的教育产生了巨大的影响，而且对我们今天的教育具有现实的指导意义。以"全人教育"思想践行教师之爱，是值得当代教师学习和借鉴的。

(一)"求真"之智育

小原国芳认为，智育的核心在于"求真"，这是培养个体追寻真理、拥有科学精神的关键。智育的最终目标是帮助学生获取学识和学问，而学问教育本身，需秉持求真务实的态度，以学问为本。在小原国芳看来，智育的真正意义在于开发人的智能，培养对科学探索充满热情和执着、愿意为

真理付出努力的求真精神。这种精神是纯粹的，不应被任何功利性的目的所玷污。智育不是为功名利禄服务的手段和工具，而是为了引导学生走向真理，培养他们的独立思考能力和创新精神。

小原国芳主张"自学教育、思想教育和创造性教育"，他坚信"与其教，不如使之学"的理念。这一理念强调了在智育过程中主观能动性的重要性，指出了自主学习在知识掌握和人格发展中的关键作用。他认为，死记硬背式的教学方法，虽然能让学生在短期内掌握一定的知识，但这种知识的获得往往是机械的、表面的，缺乏深度和持久性。相比之下，通过自主学习，学生能从兴趣爱好出发，积极主动地探索知识，这样的学习方式不仅能让学生更好地掌握知识，还能培养他们的探索精神和创新能力。自主学习的重要性不仅体现在知识掌握的牢固程度上，更体现在对学生学习动力的激发上。当学生能够根据自己的兴趣和需求去选择学习内容和学习方式时，他们会更加投入和专注，从而在学习道路上更加奋进。这种自我驱动的学习状态，是智育所要求的真正的学问教育。因此，教师只有认识到智育的"真"，是追寻真理的"真"，才能更好地理解和实施智育。

(二)"向善"之德育

德育是小原国芳"全人教育"理论中"善"的内容。他认为，德育的基本任务之一是培养学生的人生观。这是因为，"教育的目的是在确定了人生观之后才能确定的，人生观不确定，教育的目的无法确定"①。论及何谓人

---

① 《小原国芳教育论著选》下卷，116 页，北京，人民教育出版社，1993。

生观，小原国芳认为："这里必须说一说人生观的这个'观'字，或悲观或乐观，这观之者是谁在观？说人生是苦是乐，是从什么角度来看？是抱什么态度来看？问题就在这里。"①小原国芳主张一种积极、进取的人生观。他认为，生活虽然充满了苦难和艰辛，但正是这些挑战和困难，让我们有机会展现自己的勇气和智慧，去战胜它们，实现自我超越。在苦闷之中努力活下去，不仅是一种生活的真相，更是一种正确的人生观。

小原国芳对于人生观的理解不仅仅停留在个人层面，他更进一步地强调了教师在塑造学生人生观方面的重要角色。他深知，教师作为学生的引路人，其言行举止、人生态度都会对学生产生深远的影响。因此，他特别强调，教师首先要树立起正确的人生观，这样才能对学生施加良性的引导。"更应研究的问题是，教师的人生观不知不觉就会成为儿童的人生观的模式。"②因此，"如果教师的人生观不正确，那是很严重的事"。③

在谈及人生目的时，小原国芳深刻揭示了其与教育目的之间的紧密联系。他认为，人生目的和教育目的是相互交织、密不可分的。教育作为塑造人的重要手段，其根本任务在于帮助个体认识并追求人生的真正目的。要实现这一目标，首先必须明确人生的目的所在。在小原国芳看来，人生的目的在于发挥儿童的个性。这意味着教育应当尊重每个儿童的独特性和差异性，鼓励儿童按照自己的天性去发展和成长。通过教育，儿童能够发现自己的潜能和兴趣，进而形成独特的人生观和价值观。这样的教育才是有意义和有价值的。

---

① 《小原国芳教育论著选》下卷，120 页，北京，人民教育出版社，1993。
② 《小原国芳教育论著选》下卷，121 页，北京，人民教育出版社，1993。
③ 《小原国芳教育论著选》下卷，122 页，北京，人民教育出版社，1993。

(三)"康健"之体育

"健"是小原国芳"全人教育"理论中体育教育的关键。他认为，体育教育有两个目的，第一个目的是"保持、获得、增进、健康"，第二个目的是"从体育中得到，而且也只能通过体育得到道德训练"。[①] 体育教育的最终目的是保持和增进健康。体育能够能培养人坚忍不拔的品德和情操，是锤炼崇高道德的必经之路。

体育教育的第一个目的是通过体育来实现身体健康。为此，小原国芳设定了五个具体实施环节。一是保持身体本身。身体健康是人类重要的制约条件之一。二是旺盛的精神活动要有一个强壮而有持续耐力的身体为基础。身体虚弱，记忆、想象力等将失去作用，勇气、自信、舒畅、同情等更无从谈起，最终导致个体不能在世界上过有价值的生活。三是身体要正常、协调。体弱多病、身体异常，就很难进行正常的、完美的精神生活。四是身体要灵巧。身体要活动自如、柔软灵活，尤其是操作机器、掌握精巧技术、游泳、操纵帆绳、危急时刻的急中生智，都需要灵活的身体。五是身体要优美。要有一身举止洒脱、活动灵活、发育均匀的肌肉体魄。[②]

小原国芳认为，身体健康是体育教育的首要目标，为此，要通过体育来促成旺盛的精神活动与强健的身体，来支持大脑活动和强大精神。身体要正常协调、行动灵活、姿态优美。

---

① 《小原国芳教育论著选》下卷，304 页，北京，人民教育出版社，1993。
② 《小原国芳教育论著选》下卷，304～305 页，北京，人民教育出版社，1993。

体育教育的第二个目标是发挥道德的指导作用。小原国芳认为，精神和身体二者之间具有紧密的关系。在其教育论著中，他这样写道，"毫无疑问，精神关系到身体，健康状况又影响精神。光讲身体不行，光讲精神也不行。体育必然有精神方面的问题。甚至有些道德必须通过运动来培养""纪律、节制、礼仪、规矩、公平，这些是运动员应该具备的重要素质""过分强调纪律和节制，阻止青年在广阔天地里成长，矫角杀牛，并不可取"①。最后，他指出体育运动能培养出很多美德和优秀品质。"体育运动搞得好，就能培养出诸如合作意识、爱校心、勇气、果断、忍耐、奋斗等品质。"②在小原国芳看来，某些关键的意志品质与道德情操需通过体育教育来精心培育。然而，在强调纪律性的同时，教育者应审慎行事，以免过度约束而扼杀了青少年自由发展的天性。毕竟，学生的成长过程既需要规矩的引导，也离不开自由的探索与发挥。因此，在体育教育中，教育者既要注重培养纪律性，又要尊重并关心青少年的自由意志，让其在健康成长的道路上既能坚守原则，又能充分展现个性与才华。

(四)"艺术"之美育

艺术教育是小原国芳"全人教育"理念中"美"的内容，他十分重视艺术教育，认为真正的艺术教育，"是对自然的尊重和亲身体验自然之美"③。"尤其要尊重的是，丰富的艺术乃伟大学问的温床……丰富的感情生活，

---

① 《小原国芳教育论著选》下卷，305 页，北京，人民教育出版社，1993。
② 《小原国芳教育论著选》下卷，305～306 页，北京，人民教育出版社，1993。
③ 《小原国芳教育论著选》下卷，21 页，北京，人民教育出版社，1993。

燃烧着的想象力，正是创造力的源泉。"①并强调，艺术教育对于学生和教师的成长和发展具有重要作用。

首先，艺术之于学生本身至关重要。小原国芳指出，教育不应忽略对学生艺术性的培养。同时，他认为，"培养人的创造意识也是艺术教育重大理由之一。特别是因为儿童的想象本能、创造本能、探究本能都很强，而且从深一层意义上讲，享受、鉴赏与创作或许就是同一活动"②。创作、鉴赏和享受，在本质上是一致的，而决定其源头的是深刻的观察能力。"能深刻观察的人，创作才能深刻；而能深刻创作的人，观察才能深刻。不会真正创作的人也就不会真正地欣赏。"③

其次，艺术之于教师至关重要。小原国芳认为，教育工作者的任教条件之一是理解艺术。"为了成为一名真正的教师，一个真正的人，奉劝大家首先要认真体会艺术。不要过那种与艺术绝缘的片面生活……特别是对于教育工作者来说，绝对要有无比重要的纯真。我们要求教师要像诗人那样，有美好的纯情、深刻的思想和丰富的想象。"④由此可以看出，艺术不仅能够丰富教师的内心世界、提升他们的审美情趣和创造力，还能够培养教师的纯真情感和高尚品质，提升教学效果和教育质量。

最后，艺术之于人生而言至关重要。小原国芳表示，"我认为不会欣赏美的人生就等于沙漠人生……美的享受教给我们人类要尊重自然界之包

① 《小原国芳教育论著选》下卷，22 页，北京，人民教育出版社，1993。
② 《小原国芳教育论著选》下卷，284 页，北京，人民教育出版社，1993。
③ 《小原国芳教育论著选》下卷，284 页，北京，人民教育出版社，1993。
④ 《小原国芳教育论著选》上卷，291 页，北京，人民教育出版社，1993。

罗万象和人世间发生的一切"①。艺术不仅丰富了人生，也担负了净化心灵、培养高尚情操的任务。"为了防止贪婪而可怕的物质追求和利己态度，光靠道德和宗教的力量是不够的，绝对需要审美的态度。"②对于培养健全完善的人格，艺术更是必不可少的存在。"为了使人成为真正的人，成为全人，必须有艺术。为了消除失望、焦躁、抱怨、懒惰，也绝对需要艺术。"③此外，他还指出，"艺术不仅仅是一种手段和娱乐形式，它应该是一种摆脱一切自私的纯净而有力的东西，是以其自身为目的的纯净情绪。只有这种情绪才能拯救人生，使生命丰富多彩。艺术教育是人的感情教育，是支配理性教育的人的教育"。④

(五)"富"之经济、生活与劳作教育

"富"指小原国芳"全人教育"理论中的经济、生活与劳作的教育。在小原国芳看来，"富"的教育基本定义为经济教育，而对生活的基本认识和劳作则是通向"富"的前提和手段。只有对生活有了经济思考，通过勤奋的劳作才能脚踏实地实现真正的经济上的富足，即生活教育是"富"之教育的根本前提，劳作教育则是"富"之教育的根本。

首先，小原国芳在其"富"的教育思想中强调了经济教育的重要性。在小原国芳看来，父母给子女留下的应当是教育而不是单纯物质上的财产，

---

① 《小原国芳教育论著选》下卷，285 页，北京，人民教育出版社，1993。
② 《小原国芳教育论著选》下卷，285 页，北京，人民教育出版社，1993。
③ 《小原国芳教育论著选》下卷，285 页，北京，人民教育出版社，1993。
④ 《小原国芳教育论著选》下卷，286 页，北京，人民教育出版社，1993。

给予子女的应该是本领而不是金钱。教育的本质是培养性格上独立自主、行动上能够自食其力的人。父母和师长应该教育儿童，如果拥有了财富，非但不能够挥霍，而且要学习如何正确使用财富，创造财富相比拥有财富，是更为重要和可贵的能力与素质。因此，他强调，"富是人不应超越道德和人格拥有和使用的东西。正因为有很多人拥有超越自己力量的财富，所以社会及其本人都受其害。使用不当便会破坏社会公德，积蓄起来不用又会导致经济停滞。两者都不可取"①。

其次，在小原国芳"富"的教育思想中，生活教育占据了举足轻重的地位。他认为，生活教育与"富"的教育并非孤立存在，而是与政治、产业、经济、交通、军事、外交等各个领域紧密相连，共同构成了广义的教育范畴。他强调，"不是为富而富之富，而是为了支持尊贵的四个绝对价值并使之发挥和弘扬之富"②。这种价值导向，使得"富"的教育思想超越了单纯的物质层面，上升到了人性尊严和价值的层面。在小原国芳看来，真正的财富应当能够促进人性的发挥和弘扬，使人们在物质丰盈的同时，实现精神的升华。

最后，小原国芳在其"富"的教育思想中强调了劳作教育的重要性。"万人所喜所夸、视之为义务"③是小原国芳对劳作教育的观点。他认为，劳作并不仅仅是简单的体力活动，更是一种精神追求和道德实践。劳动是额头流汗的动手实干，它代表了付出、努力和奉献。因此，劳作教育应当

---

① 《小原国芳教育论著选》下卷，311 页，北京，人民教育出版社，1993。
② 《小原国芳教育论著选》下卷，34 页，北京，人民教育出版社，1993。
③ 《小原国芳教育论著选》下卷，43 页，北京，人民教育出版社，1993。

被视为一种值得赞美和推崇的教育方式，它应该被人们欣然接受，并被视为一种义务。更为重要的是，劳作教育是通往"富"的必经之路。他强调，真正的财富并非仅仅来源于金钱和物质的积累，更在于个体通过劳动所创造的价值和意义。劳作教育能够引导个体发现自身的潜能和价值，通过劳动实现自我提升和成长，进而获得真正的财富和幸福。

总体来说，小原国芳的"全人教育"思想以尊重儿童的个性为核心，力求让儿童形成"真（真理：学术理想）、善（善行：道德理想）、美（审美：艺术理想）、圣（神圣：宗教理想）、健（健康：身体理想）、富（财富：生活理想）"等方面和谐发展的人格。小原国芳将其全部的"爱"都献给了学生，对学生充满尊重、理解和热爱。他一生都致力于探索对学生"全人格"的培养。他的教育思想是深邃、切实、真正的教育，是人类教育的崇高理想。

总的来看，外国教育家的仁爱教育思想体现了对学生个体的尊重和关爱，强调了教育的人本价值和情感因素。无论是夸美纽斯的泛爱教育、裴斯泰洛齐的园丁式爱心教育，还是苏霍姆林斯基、亚米契斯和小原国芳的教育思想，都以爱与关怀为核心，引领着教育实践向更加人性化和全面发展的方向迈进。这些思想家的教育理念激发了教师对于教育使命的深思，鼓舞着教师致力于创造一个更加温暖、充满关爱和尊重的教育环境，为每一个学生的成长和幸福奠定坚实的基础。

纵观中外历史长河中不同时代教育家的教育思想，我们不难发现，将仁爱融入教育是他们共同的教育理念和追求。这种仁爱思想不仅体现对学生的关爱和呵护，更体现对教育事业的敬重和投入。仁爱思想将教师的职业提升到了一个更高的境界，让我们对教师的角色和使命有了全新的理解和认识。要成为一名好老师，必须拥有一颗"仁爱之心"。这颗仁爱之心，是教育事业的灵魂，是教师职业的核心。没有爱心的人，无法在教育这片沃土上深耕细作，更无法滋养出学生心灵的硕果。

第三章

仁爱教育思想的现实发展

本章将深入探讨仁爱教育思想在当代的具体实践及其对教育领域的深远影响，尤其关注教师在职业生涯和日常教学活动中，如何将仁爱之心转化为行动，进而促进学生的全面发展。本章主要分析教师职业生涯中仁爱思想的培养、社会对师德师风的期望，以及教师个人魅力的形成过程，意在揭示仁爱教育思想不仅是教育的核心价值之一，而且是教育成功的关键因素。

在教师职业生涯的讨论中，我们关注制度对教师仁爱之心的塑造、社会期待对师德师风的影响，以及个人修养在教育过程中的重要性。进一步，本章通过讨论教师在日常教学中展现的仁爱之举——建立关爱与尊重的教育环境、培养信任与理解的师生关系、实现宽容与严格相结合的教学——强调了仁爱教育在塑造学生个性、激发学生潜能，以及促进学生全面发展中的关键作用。

第一节　教师职业生涯中的仁爱之心

在这一节中，我们将深入探讨教师职业生涯中的仁爱之心及其在教育过程中的核心作用。仁爱之心作为教师职业的基本要素，是深植于教师内心的情感与责任感。它不仅体现为教师对学生的关爱与尊重，而且体现为通过教育实现学生的全面发展。本节通过对教师仁爱之心在制度约束、社会期待和人格魅力三个维度上的分析，揭示教师如何在制度的指导下，在社会的期望和个人修养的磨砺中，培养和展现仁爱之心。

一、制度约束：教师职业的基本要素

在我国，对教师仁爱之心的要求蕴含在制度体系当中，具有仁爱之心是成为一名合格教师的前提。我国教师职业所依赖的制度体系塑造了教师的身份和意义。经济历史学家道格拉斯·诺思（Douglass North）在其《制度、制度变迁与经济绩效》中，认为制度是"人为设计的、型塑人们互动关系的约束"，且"制度通过为人们提供日常生活的规则来减少不确定性"。①

---

① ［美］道格拉斯·诺思：《制度、制度变迁与经济绩效》，3～4页，上海，格致出版社、上海三联书店、上海人民出版社，2014。

规则可以是正式的，如法律、政策和规章；也可以是非正式的，如习俗、传统和行为规范。社会角色是依附于社会制度的，同时社会角色又可能会塑造制度。在教育的情境之中，法律、政策、规章等制度规范了全社会教师所共有的角色行为框架；学校的法规、课程标准、评估体系等制度规范了学校内部教师所特有的角色行为框架。另外，教师的创新教学行动也可能会推动制度的创新。总之，一系列的制度最终塑造了教师的角色，从而让教师在制度期待之下成长。

（一）地位神圣，责任重大

对"教师是什么"这一问题的回答将会影响我们对教师角色和身份的判断，进而影响我们对教师使命的认识。如果我们无法对"教师是什么"做出正确回答，那么"什么是优秀教师"也就无从答起。教师是多重身份的复合体，我们接下来要讨论的是法律意义上的教师的身份。教师的仁爱之心之所以如此重要，正是因为教师肩负着一般职业不具备的责任和使命。

我国现行的法律体系是中国特色社会主义法律体系，其以宪法为核心，以宪法相关法、民法商法等多个法律部门的法律为主干，由法律、行政法规、地方性法规等多个层次法律规范构成。教师作为社会公民的一分子，必须遵守现行的法律体系。

职业的特殊地位要求教师必须成为遵守宪法的模范，自觉地关心学生、塑造学生，使之成为合格的现代公民。宪法是我国的根本大法，从根本上规定了教师需要履行的公民义务。教师肩负着教书育人的神圣使命，因此更加需要发挥表率作用，塑造学生的民主意识和法治观念，使其成为遵纪守法的公民。在教学内容上，教师应该有意识地将宪法的精神融入其中，通过关心和爱的形式，将爱国主义、民族团结、法治等精神潜移默化地传递给学生，使其成为合格的现代公民。这一理念在《中华人民共和国教育法》（以下简称《教育法》）中也得到了同样的体现。《教育法》第六条规定："国家在受教育者中进行爱国主义、集体主义、中国特色社会主义的教育，进行理想、道德、纪律、法治、国防和民族团结的教育。"

1993年10月通过的《中华人民共和国教师法》（以下简称《教师法》）明确地规定了教师的性质、地位、权利和义务等，是我国教育制度及法律体系的重要组成部分，强调了教师职业的特殊性和神圣性。《教师法》规定："教师是履行教育教学职责的专业人员，承担教书育人，培养社会主义事业建设者和接班人、提高民族素质的使命。"这一界定不仅提升了教师职业的社会认可度，也为教师的专业发展和职业成长提供了法律基础。通过确立教师的专业地位，法律进一步强调了教师在推动教育进步和社会发展中扮演的不可或缺的角色。对这一职业的专门立法，体现了教师这一职业的特殊性。一是，教师承担着与一般职业不同的神圣使命，即为国家培养合格的下一代；二是，教师的直接工作对象是人，尤其是正处于关键发展阶段的人。教师应该为学生着想，关爱学生，在学业和道德上成为学生发展进步的引路人。

为了澄清相关法律定义，并进一步确认教师职业的特殊性，提高教师职业的地位和待遇，强化教师承担的国家使命和公共教育服务的职责，《中共中央　国务院关于全面深化新时代教师队伍建设改革的意见》（以下简称《教师队伍建设改革的意见》）提出，"确立公办中小学教师作为国家公职人员特殊的法律地位"。2021 年 11 月，教育部发布了《中华人民共和国教师法(修订草案)(征求意见稿)》，第十三条规定"公办中小学教师是国家公职人员，依据规范公职人员的相关法律规定，享有相应权利，履行相应义务"。有学者强调，教师作为特殊的国家公职人员，其职业兼有公共性和专业性。[①] 也就是说，教师要明确怎么教，更要明确为谁而教，因为教育的成果最终将惠及全社会。国家公职人员的属性使得教师职业区别于一般的职业，拥有特别的权利和义务。其特殊的权利体现了我国对此类职业具备的特殊的"神圣性"的认可与保护，其中包括事业编制和国家财政负担工资福利等；特殊的义务则代表着教师身份带有的特别且不可推卸的责任，包括为党育才、为国育才和立德树人的义务。

既然我们将教师认定为国家公职人员，那么我国教师的整体形象就代表着我国教育事业的整体形象，我国教师的总体工作目标就代表着我国教育事业的总体目标，我国教师所承担的责任就代表着我国教育事业的责任。习近平总书记在 2018 年 9 月 10 日召开的全国教育大会上指出，"教师是人类灵魂的工程师，是人类文明的传承者，承载着传播知识、传播思想、传播真理，塑造灵魂、塑造生命、塑造新人的时代重任"[②]。习近平总书记的话强调了教师在人类历史上肩负的不可替代的责任和使命，强调了教师对学生的深刻影响，以及对于开创新时代的重要性。那么，我们想要

---

① 陈鹏、李莹：《国家特殊公职人员：公办中小学教师法律地位的新定位》，载《教育研究》，2020(12)。

② 习近平：《习近平重要讲话单行本》2020 年合订本，283 页，北京，人民出版社，2021。

构建一个怎样的新时代？我们所讨论的新时代需要怎样的人？

　　党的十八大宣告我国进入中国特色社会主义新时代，为中国的未来发展指明了总体方向。党的十八大报告指出，在新中国成立一百年时建成富强民主文明和谐的社会主义现代化国家。2019 年 3 月 18 日，习近平总书记主持召开学校思想政治理论课教师座谈会，强调"加快推进教育现代化、建设教育强国、办好人民满意的教育，努力培养担当民族复兴大任的时代新人"①。在党的二十大报告中，习近平总书记强调："育人的根本在于立德。全面贯彻党的教育方针，落实立德树人根本任务，培养德智体美劳全面发展的社会主义建设者和接班人。"②新时代需要的人是全面发展的人，尤其是自觉地意识到民族复兴重任的人。

　　教师肩负着塑造未来社会图景的重大使命。我们希望构建的是一个人人德行健全、充满爱的富强民主文明和谐美丽的社会。教师作为人类文明的传承者，承担着承上启下的作用。那么我们未来的社会是文明的还是野蛮的，是和谐的还是混乱的，是充满爱的还是充满恨的，是明确的还是充满疑虑的，在很大程度上取决于我们这一代的教师能否完成自己的历史使命。教师肩负着开辟新时代的使命，因此全社会对教师有很高的期望。我们所期待的，是国家富强、人人安居乐业的时代，是人人全面发展、健康成长的时代，是洋溢着爱、充满着幸福的时代。为了实现这一愿景，教师

---

　　① 习近平：《习近平重要讲话单行本》2020 年合订本，282 页，北京，人民出版社，2021。

　　② 习近平：《习近平重要讲话单行本》2022 年合订本，106 页，北京，人民出版社，2023。

必须全身心投入教育之中，不仅要用自己的专业技能将人类的知识传播下去，更要用爱浇灌教育，让下一代在爱的滋养中成长。

(二)人民教师，人民至上

随着时代的变化，教师职业的性质和地位逐步发生变化，在无产阶级革命者的带领下最终确立了人民性。中国古代虽然有"师道尊严"的主张，甚至将"师"和"天地君亲"并列，但事实上有些教师地位并不高。唐代韩愈所叙述的"贱师""耻师"的情况也时有发生。随着近代教育的兴起，教师被资本家雇用，为资产阶级服务，实际上处于被剥削地位。在俄国十月革命之后，教师从被雇用的、被剥削的地位中解放出来，第一次有了"人民教师"的称谓。这体现了社会主义制度对教师职业的政治性质和专业价值取向的认识与要求。在五四运动后，出现了包括"革命的教育工作者""进步的教育工作者""无产阶级的教育工作者"等不同的提法。毛泽东在《论联合政府》中提出，"为着建立新民主主义的国家，需要大批的人民的教育家和教师""他们必须具有为人民服务的精神，从事艰苦的工作"[1]。这是较早出现的关于"人民教育家"的表述。[2]

中华人民共和国成立之后，人民教师的性质和地位才得以确立，"人民教师为人民，人民教师爱人民"的提法深入人心。在中华人民共和国成立前的筹划阶段，《中国人民政治协商会议共同纲领》就对我国的教育性质

---

[1] 《毛泽东选集》第2卷，1082页，北京，人民出版社，1991。
[2] 石中英：《人民教师的人民性及其实现》，载《中小学管理》，2023(9)。

做出了总体设计："中华人民共和国的文化教育为新民主主义的，即民族的、科学的、大众的文化教育。人民政府的文化教育工作，应以提高人民文化水平、培养国家建设人才，肃清封建的、买办的、法西斯主义的思想、发展为人民服务的思想为主要任务。"①这就确定了我国教育性质转变的总体方向是要将封建的、资本主义的教师，转变成为人民服务的教师。1949 年 12 月召开的第一次全国教育工作会议提出：教育必须为国家建设服务，学校必须为工农开门。在中华人民共和国成立后，随着民族的、科学的、大众的文化教育政策的实施，教育的人民性日益凸显。《教师法》的颁布强调了教师的人民性："教师应当忠诚于人民的教育事业。"

中华人民共和国的教师被称为"人民教师"，有着鲜明的社会主义性质，也就是说，教师是人民的一分子，教育的对象是人民，教育的目标最终也是为了人民。当教师在理解我国的教育目标时，不必将其想象得过于宏大、复杂，也不能将其视为事不关己、遥不可及。事实上，只要教师能够坚持人民立场，就能够与我国教育的大方向保持一致。

人民教师的提法，事实上也是在强调人民教师的非阶级性质。教师不必将学生视为与自身截然不同的个体。既然学生和教师都是人民的一部分，那么教师自身的需要在很多时候是与学生一致的，也是与全体人民一致的。中国无产阶级革命家、中国共产党领导人张闻天在讨论毛泽东和人

---

① 中共中央文献研究室、中央档案馆：《建国以来周恩来文稿》第一册，365 页，北京，中央文献出版社，2008。

民的关系时表述："他的痛苦、欢喜与愤怒，就是人民的痛苦、欢喜与愤怒。他的力量，就是人民的力量。他与人民的结合是如此之密切，因而分不出究竟他是人民，还是人民是他!"①这无疑也可以用于表述教师和学生的关系，就是水乳交融、不分彼此。教师不仅是知识的传授者，而且是学生情感与心理成长的引导者；学生以开放和尊敬的态度接受教育和指导。在这样的动态互动中，教师和学生之间建立起一种基于相互尊重、理解和信任的紧密联系。这种联系超越了简单的知识传递，是在更深层次的情感和思想上的交流与融合。

教师需要清楚地知道自己从人民中来，要到人民中去。在我国，教师是人民，教育的对象也是人民，教师对学生应该平等以待、彼此照应、相互理解、相互感染。教师希望自己被如何对待，就应该如何对待学生。每个人都有爱与被爱的需要，教师应该用自己希望被爱的方式去爱自己的学生，这是一种对彼此生命的尊重与关怀。这样，作为人民一分子的教师，最终也可以从人民中得到爱的回馈。我们为什么要爱学生？排除复杂的逻辑论述，其本质原因是非常简单的：正因为我们都是完整的人，所以我们都需要爱。

(三)教书育人，贴心陪伴

教师的使命在于教书育人，教育的对象是完整的、有感情的、自然的人。教师的教育方式应该是温柔的而不是严厉的，应该是有爱的而不是无

---

① 任仲文：《如何用活党的宝贵经验》，44 页，北京，人民日报出版社，2022。

情的，应该是"润物细无声"的而不是灌输式的。教育的目标不应该是片面的，而是要助人全面发展的。这些观念在我国的法律、规章和政策文件中得到了充分的展现。

在《教师法》第八条"教师应当履行下列义务"中，第四款要求教师"关心、爱护全体学生，尊重学生人格，促进学生在品德、智力、体质等方面全面发展"。尤为需要注意的是，这一款不仅规定了教师的教育任务，即"促进学生在品德、智力、体质等方面全面发展"，而且在情感上要求教师"关心、爱护全体学生"。这是因为后者是前者的必要条件。如果教师希望学生在未来成长为全面发展的、有道德的个人，就必须满足学生的情感需要，用关心和爱护的方式塑造教育。

在我国各类教师的职业标准中，关心和爱的价值得到了充分的肯定。在 2012 年制定的《小学教师专业标准（试行）》和《中学教师专业标准（试行）》中，小学和中学的教师都被要求以师德为先，关爱学生，尊重学生人格，富有爱心、责任心、耐心和细心。2021 年发布的《小学教育专业师范生教师职业能力标准（试行）》和《中学教育专业师范生教师职业能力标准（试行）》对师范生也提出了相似的要求。这两个标准均提出教师要"关爱学生"与"用心从教"，既要求教师"公正平等地对待每一名学生"，"促进学生身心健康发展"，也要求教师"富有爱心、责任心，工作细心、耐心"。

在新时代，我国教育现代化的目标要求教师必须切实地关注学生的需要，尤其是要支持学生的道德发展。2019 年中共中央、国务院发布的《中国教育现代化 2035》针对推进我国的教育现代化提出了八大基本理念，前三项分别为："更加注重以德为先""更加注重全面发展""更加注重面向人人"。党的二十大报告强调"育人的根本在于立德"。我国要建设教育强国，要"以立德树人为根本任务"。这些政策文本都强调要将学生培养成为一个人，一个有情感的、有道德准绳的、全面发展的人。这样的培养目标不仅满足了学生个体的需要，也符合我国的教育大计。教师肩负着育人的责任，也就肩负着祖国的未来。

习近平总书记说，"好老师对学生的教育和引导应该是充满爱心和信任的"，"好老师要用爱培育爱、激发爱、传播爱，通过真情、真心、真诚拉近同学生的距离，滋润学生的心田，使自己成为学生的好朋友和贴心人"。[①] 我们相信，真正的教育一定是心灵与心灵相贴，灵魂与灵魂相近。

(四)爱虽无私，亦需保护

教师的仁爱之心不能是单方面的付出，也需要得到保护与尊重。作为特殊的国家公职人员，教师肩负着多于一般职业的责任，其权利也理应得到更多的关注。我们不能理所应当地让教师承担国家和民族未来的重大责任，却不在法律或政策层面予以相应的肯定与保护。我们可以说，教师之爱应该是无私的，但社会不能让教师之爱变为无偿的。我国已经立法保护教师的权利。《教师法》中明确指出，应"改善教师的工作条件和生活条件，

---

① 习近平：《做党和人民满意的好老师：同北京师范大学师生代表座谈时的讲话》，10 页，北京，人民出版社，2014。

保障教师的合法权益，提高教师的社会地位"。然而相对于物质需要，教师的情感需要更容易被忽视。我们总是要求教师爱学生，却不时忘记教师也有归属和爱的需要。这种对教师需要的关注，不仅是对教师作为人的尊重，也是促进教师成长的有效方式。

近年来，我国在教师权利的保护上持续努力。《中国教育现代化2035》提出，"提高教师社会地位，完善教师待遇保障制度，健全中小学教师工资长效联动机制，全面落实集中连片特困地区生活补助政策。加大教师表彰力度，努力提高教师政治地位、社会地位、职业地位"。这些提法就是要充分地认可教师在民族复兴中的重要作用，使得教师的权益能够更好地匹配其肩负的责任，这样才能够让教师感受到职业的独特性和社会对自己的关心、爱护，就能够更心无旁骛地投入育人之中。

习近平总书记在北京市八一学校考察时表示："各级党委和政府要满腔热情关心教师，让广大教师安心从教、热心从教、舒心从教、静心从教，让广大教师在岗位上有幸福感、事业上有成就感、社会上有荣誉感，让教师成为让人羡慕的职业。"[①]这是强调要满足教师的情感需要。只有当教师被爱的需要得到满足，才能更好地将自己的爱传递给下一代。

这些表述定义了教师的身份，也为这一特殊职业提出了种种要求。教师从中能够找到自身的职业定位，并认识到自身在社会中扮演的重要角色。同时，有关制度也为教师提供了保障。

---

① 习近平：《论党的青年工作》，131页，北京，中央文献出版社，2022。

二、社会期待：师德师风的动力内核

社会期待，在心理学上又被称为社会期望，是指群体根据个体的社会角色及身份，对其提出的希望和要求。① 可以说，社会期望反映的是社会公认的价值标准和行为规范。公众对教师仁爱之心的期待，勾勒出的是新时代背景下师德合格的教师在社会大众心中的典型形象，充分反映了社会共识。作为教育活动的实施者，教师群体的业务素质和品德修养只有符合了广大人民群众的期待，人民群众才能对未成年人的成长充满希望，对教育工作感到满意。

时代发展至今，全社会尊师重教的氛围越浓，对教师个体师德师风的期望标准也越高。随着互联网技术的快速发展，各种信息传播渠道不断拓宽，教师的光荣事迹或失德行为更容易引发广泛传播和关注。尤其是近年来，围绕教师的话题频繁冲上热搜，引发了公众和媒体热烈讨论。例如，于漪、张桂梅、黄大年、王广杰等一大批爱岗敬业、爱教爱生的优秀师德模范事迹广为流传。这些舆论现象从本质上反映了当前社会公众对教师敬业乐教、关爱学生、以身作则、甘于奉献的仁爱之心的热切期盼。

---

① 林崇德、杨治良、黄希庭：《心理学大辞典》下卷，1065 页，上海，上海教育出版社，2004。

(一)敬业乐教：教师要有对教育事业孜孜不倦的热爱

敬业乐教，是社会民众对教师的基本期待，也是教师对教育事业热爱与追求的表现。敬业与乐教之间的关系是相互依存的。敬业为乐教提供了扎实的基础，乐教又反过来激发和强化教师的敬业精神，两者相辅相成，共同推动教师在教育事业中不断前行。

敬业是教师对教育工作的高度责任感和持续投入的集中体现。教师的责任感是敬业精神的核心。正如人民教育家于漪告诫自己的，作为教师，"无论如何不能误人子弟"，"力求自己先懂再教学生，绝不以其昏昏，使人昭昭"。[①] 这是对教师责任感最好的诠释。东南大学文学院中文系的王珂教授为了准时给本科生上课，在 10 级台风天气中，自费 4600 元打车 700 多公里，从广州赶到长沙机场。这一举动不仅展现了他对学生的高度负责，也使他在从教 28 年间，保持了从未调过本科生课程的纪录，充分体现了敬业精神。[②] 同时，持续投入是教师敬业精神最直接的体现。敬业的教师不仅愿意花费大量时间和精力在教学准备、课堂教学和课后辅导上，还对学生倾注了深厚的情感和心血。例如，致力于山区女孩教育事业的张桂梅，每天工作超过 12 小时，不仅要处理学校的行政事务，还要精心准备每一节课，确保学生能得到最好的教育。她为了学生的成长，投入了大量时间和精力，即使

---

① 《人民教育家先进事迹——于漪》，http：//www. moe. gov. cn/jyb _ xwfb/moe _ 2082/2021/2021 _ zl37/shideshiji/202105/t20210511 _ 530839. html，2024-09-02。

② 《东大教授为赶上课　跨省打车赶回学校》，http：//edu. people. com. cn/n1/2018/0921/c1006-30307450. html，2024-09-02。

患病仍坚守在讲台上。正是这种责任感和持续投入，成就了无数优秀教师，他们用行动诠释了教育的初心与使命，成为学生和社会的楷模。

乐教是教师对教育工作的热爱和享受，是敬业精神的重要驱动力。乐教的教师擅长寓教于乐，精心设计课程，创造良好的教学氛围，使得教学过程更加生动有趣。安徽省桐城市北街小学汪海芳老师在课堂上充分运用智慧课堂中的"抢答""批注作答""分类""选词填空"等功能组件，打造丰富多彩的互动课堂。多元化智慧技术令整个课堂形式多样、有声有色、有张有弛，有效激发了学生的学习兴趣。[①] 这种寓教于乐的智慧教学让学生学得轻松、开心，也让教师在看到学生取得进步时获得成就感，进一步激发教师乐教创新的动力。

此外，为了让教学更有效和有趣，乐教的教师要主动学习新的教育理论和方法，接受挑战，通过不断学习和反思改进教学。与此同时，不断的学习又促进了教师对教学的探索。当教师成功将新知识应用于教学时，成就感会增强他们对教学的热爱，形成相互促进的良性循环。在衢州，有一位教师为提升课堂教学质量，从教 11 年间，自学考取了 11 个本科文凭，其中 5 个来自浙江大学。[②] 他就是衢州市莲花镇初中的孙有军老师。孙有军的故事赢得了广泛赞誉，大家期待更多教师像他一样，不断学习和更新教育理念。

---

① 《2021 全国"智慧课堂"典型创新案例（一辑）》，https://www.ict.edu.cn/news/jrgz/xxhdt/n20220110_79672.shtml，2024-09-02。

② 杨菲菲：《自考 11 个本科学历引热议 教师孙有军：这是一种检验学习的方式》，载《新京报》，2021-10-09。

（二）关爱学生：教师要有对莘莘学子倾尽心力的笃爱

关爱学生，是社会大众对教师的普遍期待。教师的职责不仅在于传授知识，更在于关注学生的全面发展，包括情感、品格和社会技能的养成。通过建立积极的师生关系，教师能够识别并满足学生的个性化需求，提供适当的支持和指导，这不仅有助于学生的学业进步，还有助于他们建立自信，形成积极的价值观。社会期望教师在课堂内外都要展现出这种关爱，具体包括关注、理解和尊重每个学生，以及给予他们实际的支持和帮助。

第一，教师应当关注每一个学生。学生在学习能力、兴趣爱好和性格特点上各不相同，教师需要通过细致的观察和互动，了解每个学生的独特之处。关注每一个学生意味着教师不能只关注那些表现突出的学生，更应平等对待所有学生，确保每个学生在课堂上得到应有的关注和引导。正如吴蓉瑾所做的那样，她不仅能叫出每一个学生的名字，还记得每一个学生的生日。她说："在我眼里，每一个孩子都是含苞待放的花蕾。以爱和尊重守护他们这段历程，并且陪伴他们走下去，这是我的责任。要多关注孩子的需求，尤其是情感需求。有时候大人忽略的细节，对孩子来说却是天大的事。"① 吴蓉瑾的做法诠释了教师真正地看见每一个学生的重要性。

---

① 《启智润心 因材施教》，http：//www.moe.gov.cn/jyb＿xwfb/xw＿zt/moe＿357/2023/2023＿zt14/mtbd/202309/t20230922＿1082105.html，2024-09-02。

第二，教师应当理解和尊重每一个学生。理解和尊重是关爱学生的重要组成部分。教师应站在学生的角度，通过耐心倾听和深入交流，理解他们的情感、想法和行为动机，尊重他们的个性、观点和表达方式。吉林城市职业技术学院教师刘圳波一直把自己定位为学生的朋友和亲人。当不想顶岗实习的学生找到他，抱怨工作苦、工资低时，他首先认真倾听，理解学生的情绪和不满，然后通过分享自己的经历和想法，鼓励学生在年轻时努力工作，以更快地成长。① 教师对学生的理解和尊重，有助于建立起师生之间的信任与情感联结，同时使教师能够更好地引导学生克服困难，健康成长。

此外，教师在关注每一个学生、理解并尊重他们的基础上，还应提供有力的支持和帮助，这是关爱学生的具体行动。顾亚老师的做法就是一个生动的例子。毕业于贵州六盘水师范学院音乐系的他，看到学生对音乐的好奇与兴趣，尽管条件有限，依然在课余时间帮助学生组建了乐队。更为重要的是，在顾亚老师的帮助下，学生从自卑和胆怯中走出来，变得自信、阳光，学会了理解与包容，融入集体并敢于表达自己。② 可见，教师的关爱不仅要体现在理解上，更要通过实际行动来落实，只有有力的支持才能真正改变学生的未来。

---

① 《做学生的朋友》，http：//www. moe. gov. cn/jyb _ xwfb/xw _ zt/moe _ 357/2023/2023 _ zt14/jsfcsp/202309/t20230907 _ 1078837. html，2024-09-02。

② 《启智润心 因材施教》，http：//www. moe. gov. cn/jyb _ xwfb/xw _ zt/moe _ 357/2023/2023 _ zt14/mtbd/202309/t20230922 _ 1082105. html，2024-09-02。

(三)以身作则：教师要有对自身言行严格要求的自觉

以身作则是社会公众对教师行为的基本要求。孔子曾告诫弟子："其身正，不令而行；其身不正，虽令不从。"(《论语·子路》)这不仅是孔子对弟子的教诲，也是对后世教师的期许。《荀子·修身》也提到："夫师，以身为正仪而贵自安者也。"教师的一言一行都可能为学生效法，因此，教师更应严格要求自己，修养仁德，以身作则。

教师的以身作则，首先应体现在品德修养方面。教师应展现高尚的品德修养，包括诚实守信、公正待人、尊重他人等，成为学生道德行为的榜样。2020 年"最美教师"刘秀祥，便是在品德修养方面以身作则的榜样。幼年时，刘秀祥在老师的资助下完成学业，并从中培养了知恩图报的品德。考入临沂师范学院后，他一边学习，一边照顾生病的母亲，还兼职打工。毕业后，他放弃了在城市工作的机会，回到家乡望谟县任教。他的高尚品德和默默付出深刻影响了无数学生。他的学生李应芬在刘秀祥的激励下，也回到家乡成为教师，继续传播爱与希望。

其次，教师应保持终身学习的态度，持续提升自我和发展专业。教师通过不断学习新知识、更新教学方法和探索教育创新，展现了对教育事业的热情和追求卓越的精神。作为中国草业科学奠基人、现代草业科学的开拓者，任继周先生 70 多年来，将深厚的科研成果和扎实的理解调查融入专业教学中。虽年逾九十，仍在践行师者"传道授业解惑"的神圣使命，每日坚持工作 5 小时。任继周先生无疑是终身学习的典范，他不因年岁增长而放慢学习和工作的脚步，反而以更加坚定的意志和旺盛的精力，不断探索新的知识领域，更新教学内容，确保自己始终站在学科发展的最前沿。他不仅在学术上取得了卓越的成就，更为学生树立了榜样，深深影响了无数学子和一线教师。

最后，教师应养成良好的生活方式，追求身心健康和幸福人生。积极向上的生活方式不仅能使教师自身保持良好的身体和精神状态，还能为学生树立健康生活的榜样，帮助学生养成良好的生活习惯。教师积极阳光、充满正能量的态度会对学生产生潜移默化的影响。不少教师坦言，他们的榜样就是那些既能出色完成工作，又能合理安排生活的同事。此外，各地评选榜样教师时，评选活动的组织者也日益强调关注教师的身心健康和幸福状态。[①] 这表明，榜样的力量在与幸福人生相结合时，才会产生最大的感召力，这对于学生、教师及社会大众都具有重要意义。

(四)甘于奉献：教师要有层次丰富、发展持久的大爱

长期以来，人们总是不吝赞美为师者"燃烧自我、照亮他人"的奉献精神。传统的教师形象总与牺牲自我联系在一起，这让很多人对教师职业无比敬仰，又望而却步。新时代关于教师的比喻强调的是一种层次丰富、持久发展的大爱情怀，承载了人们对教师奉献精神的多样性和可持续性的期待。

一方面，新时代对教师奉献精神多样性的期待，允许教师在多个层面

---

① 《今天，我们需要什么样的教师榜样》，http：//www.moe.gov.cn/jyb_xwfb/s5148/201309/t20130909_157120.html，2024-09-02。

展现爱与奉献。随着社会对教师角色认知的变化，教师不再仅仅被看作单一的知识传授者或道德模范，而是在多个维度上展现爱与奉献的综合性角色。有的教师潜心钻研教育教学规律，如坚持"严在当严处，爱在细微中"并为我国发展心理学研究的学术梯队建设做出重要贡献的林崇德，坚守教育一线默默探索形成"语文体悟教学法"的唐江澎。有的教师全力呵护学生心灵，如被学生称为"心灵的港湾"的钟小要，给予学生"私人定制"建议的任雅才。还有的教师倾其所有奉献教育事业，如张玉滚毅然回乡任教 21 年，张桂梅为乡村教育奉献数十年。这些教师从不同维度诠释了多样化的奉献精神。

另一方面，新时代对教师奉献精神可持续性的期待，强调一种持久而稳定的奉献方式。具体来说，这种可持续性贯穿于教师自身发展、教师共同体发展和社会发展三个层面。首先，教师自身发展的可持续性要求教师在全力奉献的同时，关注自我成长和职业平衡。通过持续学习和自我提升，保持合理的生活方式，教师能够避免职业倦怠，维持身心健康，从而以长期稳定的状态奉献于教育事业。其次，教师共同体发展的可持续性意味着教师，特别是经验丰富的老教师和优秀教师，要做青年教师向上的阶梯，发挥传、帮、带作用。这不仅能提升教育教学质量，还能为教师的长远发展提供坚实的保障。最后，社会发展的可持续性要求教师将个人的奉献精神融入国家和民族的伟大事业中。教师作为"筑梦人"，应积极参与国家教育事业，与社会各界共同推动民族复兴。这种融入国家和社会的使命感，使教师的奉献不仅限于个人职业，而且成为全社会共建共享的共同目标。当教师在三个层面都得到支持时，他们的奉献精神更易于持久，并形成教育事业可持续发展的良性循环。

毋庸置疑，多样性和可持续性构成新时代背景下教师奉献精神的两个重要维度，二者相辅相成、互为依托。多样性强调教师在教育工作中承担多重角色，展现出丰富的爱与奉献形式。这需要教师具备广泛的能力和开阔视野。可持续性则强调教师在奉献的过程中保持持久和稳定。这包括教师自身的职业成长和身心健康，教师共同体的持续发展及教师对社会长远目标的融入。多样性的奉献方式需要可持续性的支持和保障，相反，如果可持续性没有多样性作为内容支撑，也可能使奉献变得单一乏味，无法全面满足新时代对教师的要求。只有将这两者有机结合，才能真正实现新时代教师奉献精神的全面发展和长远影响。

总之，教育家们凭借对"三尺讲台"的挚爱与坚守，用"粉笔书写春秋"，谱写出"桃李满天下"的人生华章。被公众和媒体聚焦的感人故事，只是无数默默奉献的教师的缩影，反映了社会对教师仁爱之心的热切期待。正是这种期待，彰显了社会对教师敬业乐教、关爱学生、以身作则和甘于奉献等品质的高度认可和深切期盼。

三、人格魅力：教师职业培养的重要组成

教师的人格魅力宛如春风化雨，滋润着学生的心田，深深地影响着学生的成长与发展。这种魅力源于教师内在的卓越品质，体现在教育教学的方方面面，展现出教师独特的吸引力。

(一)人格魅力是教育情怀的彰显

情怀,是含有某种感情的心境。教育情怀作为塑造教师人格魅力的核心要素,是一个多维度、深层次的情感体系。教师的人格魅力体现在其心系国家的教育情怀中,体现在其心系学生的教育情怀中,体现在其注重自我修养、严于律己及持续反思与完善自身的教育情怀中。

教师的人格魅力体现在其心系国家的教育情怀中。教师是国家未来的筑梦者,应当以身作则,将爱国之情融入其教育事业,用实际行动展现对国家事业的忠诚与热爱。1984 年 12 月 9 日清晨,时任北京师范大学校长的王梓坤走在去往办公室的路上,脑海里突然闪现的一个念头变得越来越强烈,那就是"应该给教师设立节日"。到了早上 8 时,他拨通了《北京晚报》记者的电话……第二天,《北京晚报》刊发了题为"王梓坤校长建议开展尊师重教月活动"的 200 多字简讯。通过媒体把单独设立教师节的想法公之于众,是王梓坤为推动设立教师节而努力的第一步。报道在社会各界引起了广泛议论。为进一步推动这个倡议落地,12 月 15 日,王梓坤校长在北京师范大学召开座谈会,邀请钟敬文、启功、陶大镛等著名教授参加。会上,教授们热烈讨论教育发展话题,王梓坤校长有关设立教师节的提议也得到大家的一致赞同。几名教授当即联名向上级建议设立教师节。第二天,《北京日报》登出了关于这一倡议的简讯,简讯标题为"北师大校长王梓坤倡议每年九月为尊师重教月,建议九月的一天设为全国教师节"。这是设立教师节的倡议第二次出现在媒体上。在王梓坤校长和教授们的共同努力下,仅仅过了 1 个多月,倡议便成为现实。更令王梓坤动容的是,在北京师范大学第一届教师节庆祝大会上，学生们打出了一条写有"教师万岁"四个字的横幅。[①] "国家发展要依靠'科教兴国'的战略，这其中教育是基础，发展教育就必须为教师做实事，教师节只是一个契机，日常工作中重视教育更重要。"王梓坤提议设立教师节，是其人格魅力在心系国家事业、关注教师教育事业的发展方面的重要体现，是其教育情怀的极致彰显。

教师的人格魅力体现在其心系学生的教育情怀中。"乐教爱生、甘于奉献的仁爱之心"是新时代中国特有的教育家精神的重要组成部分。习近平总书记指出，"教育是一门'仁而爱人'的事业，爱是教育的灵魂，没有爱就没有教育。好老师应该是仁师，没有爱心的人不可能成为好老师"[②]。身为教师应始终保持一颗真诚的仁爱之心，用爱去温暖每一个学生的心灵，去拥抱所从事的教育事业。江西省南昌市启音学校校长张俐用爱为学生插上逐梦的翅膀。扎根特殊教育领域近40年，张俐仍然清晰地记得初为人师时的难忘场景。那是新生入学的第一次周会。散会时，班上的小艳同学穿过人群，奔向张俐，抱住她，久久不放。"就像迷路的孩子找到了妈妈。"张俐说，那一刻，她更加强烈地感受到这里的学生需要她，这些幼小的心灵需要老师的呵护！在日常中，张俐经常会遇到一些学生入校时年龄小、自理能力较弱的情况，担任班主任时，她常把学生换下的衣物、床

---

① 《"教师节"最早倡议人：王梓坤教授》，http：//www.moe.gov.cn/jyb_xwfb/xw_zt/moe_357/s3579/moe_70/moe_320/tnull_4995.html，2024-09-02。

② 习近平：《做党和人民满意的好老师：同北京师范大学师生代表座谈时的讲话》，9页，北京，人民出版社，2014。

单等带回家清洗；过节时，有的住校生不能回家，她就带上水果、糕点到学校陪学生一起过节，有时还把学生接到自己家过节；帮助听障学生做听力语言康复训练时，她把学生的小手放在自己的脸上、鼻子旁，让他们感受发音部位。[①] 张俐校长的无私奉献与深情付出，是对"乐教爱生、甘于奉献的仁爱之心"最生动的诠释，将教师人格魅力中关爱学生的教育情怀展现得淋漓尽致。

教师的人格魅力还体现在其注重自我修养、严于律己及持续反思与完善的教育情怀中。苏霍姆林斯基初为人师的经历，就生动诠释了这一点。苏霍姆林斯基刚参加工作时，一个名叫斯捷帕的学生，在一次玩耍中无意把教室里一盆全班同学十分珍爱的玫瑰花碰断了。苏霍姆林斯基大声斥责了这个学生，并竭力使这个闯祸的学生深刻反思、吸取教训。他后来对这件事有过深切的反省，他认为大声斥责学生是教育者无能的表现，因为斥责或责罚往往会"伤害师生感情""使儿童厌恶学校"。此后，苏霍姆林斯基吸取了这一教训，在工作中很少使用责罚，对那些因无知而出现不良行为的学生，采取包容态度。他认为，包容能触及学生内心最敏感的角落。正是通过反思、实践和调整，苏霍姆林斯基不断提升自我修养、严于律己、持续反思和完善自我，成为后世敬仰与学习的典范。

(二)人格魅力是教育智慧的绽放

教育智慧是教师教育境界的高度体现，能够帮助教师在复杂多变的教育

---

① 《张俐：特别的爱给特别的你》，http://www.moe.gov.cn/jyb_xwfb/xw_zt/moe_357.2024_zt06/dsp/202405/t20240522_1131901.html，2024-09-02.

环境中以自主、理性和机智的方式选择并实施有效教育行动，具体体现在教师对教育学的理解、教师对个人知识的管理及教师的教育机智三个方面。

首先，教育智慧体现在教师对教育学的理解中。教育智慧不体现在应对教育复杂环境、教育问题或教育冲突时的一些雕虫小技上，而体现在富有教育意义和教育价值的有意识的教育行为中。正如加拿大学者范梅南所说，对教育学的理解，是指"一种敏感的聆听和观察"①。换句话说，教育学理解是与特别的、具体的教育情境有关的，要求教师在特定教育情境中能够控制自己，同时了解什么时候和怎样主动、积极地与学生交流。斯霞老师通过教授《李闯王渡黄河》一文，引导学生理解"渡"字。学生初识为"过"，经斯霞老师启发"渡"特指"用船过水面"。斯霞老师通过动作演示与互动问答，促进学生进一步拓展词汇，如"渡船""渡口"，并使学生深刻理解"渡"与水相关，故"渡"字含三点水旁，强化了学生的记忆。② 斯霞老师教育智慧的精妙之处在于她以主动而富有同理心的姿态与学生交流，并根据学生的年龄特征和能力，精准施教、灵活引导，为学生树立榜样，使课堂成为学生心智成长的沃土。

其次，教育智慧体现在教师对个人知识的管理中。知识管理涉及获取、存储、学习、共享与创新知识，旨在提升组织或个人知识工作的效率、应变与反应能力。教师个人知识管理要求教师整合校内外专业知识，

① ［加拿大］范梅南：《教学机智：教育智慧的意蕴》，111 页，北京，教育科学出版社，2001。

② 《斯霞：童心母爱，终身奉献育英才》，https://xzx. shnu. edu. cn/65/6a/c18438 a746858/page. htm，2024-09-02。

持续获取、储存、应用并创新知识，以此来提升其教学效率与创新能力。浙江省玉环市坎门海都小学体育老师叶海辉一直致力于让学生通过体育课释放压力、获得锻炼，并体会运动的乐趣。为此，他一直琢磨怎么把课上得更有意思。他利用课余时间和休息时间研发上课使用的器材，不仅自制了4200多件体育器材，还创编了近2000例体育游戏，是学生心目中的"魔术师"。他在课堂上，针对小学一、二年级学生的学习特点，创新性地把数学运算和体育锻炼有机结合了起来。在教学游戏过程中学生出现摩擦，也是他适时进行品格教育的好时机。一节体育课，学生既享受了玩的乐趣，也锻炼了体能，增强了体质，还学会了礼让，尝到了合作的甜头，并通过坚持获得了成功，磨炼了意志。教育智慧在叶海辉老师的教学实践中展现得淋漓尽致。叶海辉老师通过有效地管理个人知识，不仅提升了自身的教学效率和创新能力，还为学生提供了更高质量的教育服务，也为我们树立了一个优秀教育工作者的榜样。

最后，教育智慧体现在教师的教育机智中。机智，作为处世智慧，常见于人际交往，强调得体、迅捷的反应能力。教育机智是机智应用于教育领域的体现。在教育实践中，教育机智既是教育智慧的表现形式，又是教师智慧生成的条件。日本教育家斋藤喜博曾提出："教育机智在教学展开过程中，时刻对学生的反应做出相应的判断和组织力量。"也就是"教师在教学中的应变力和组织力"[1]。教育机智与特定的教育情境有关，是教师在教育情境中面对复杂而微妙的教育问题时所表现出来的迅速、准确、灵

---

[1] 吴效锋：《新课程怎样教：教学艺术与实践》，280页，沈阳，沈阳出版社，2002。

活、恰当地采取行动的能力。在霍懋征老师的一堂课上，一个学生举手被叫到时回答不上来。这个学生哭着说："老师，别人都会，如果我不举手，他们会笑话我。"霍懋征私下和这个学生约定，再提问时，如果会就举左手，不会就举右手。以后提问，看到他举左手，霍老师就让他回答；看到他举右手，霍老师就不提问了。这既保护了学生稚嫩的自尊心，也给了他表现机会。一段时间后，这名学生成绩进步很大。教师的支持让学生意识到，面对艰难时刻，总能得到理解和帮助，从而增强了韧性。

(三)人格魅力是榜样力量的诠释

榜样力量是通过个人行为、态度等方面展现出的优秀品质和精神风貌，是对他人产生积极影响和引导作用的力量。对于教师而言，榜样力量是其人格魅力的高度体现，不仅体现在其对国家教育事业的无比热爱与奉献中，还体现在其坚守科研一线、不懈追求真理的创新精神中，更体现在其对社会的高度责任感中。

首先，教师的榜样力量体现在其对国家教育事业的无比热爱与奉献中。"捧着一颗心来，不带半根草去"，陶行知先生的话最为鲜明地展现了教师对教育事业的无比热爱与无私奉献。陶行知先生是这么说的，也是这么做的。在新安小学最初创办的过程中，面对"无经费、无人员、无校舍"的艰苦条件，陶行知坚持要把学校办下去，不仅在经济上提供大力帮助，而且在精神上给予支持、在业务上悉心指导。张桂梅老师的事迹也生动诠释了无私奉献。日常生活中，张桂梅老师的生活极其简朴，甚至近乎"抠门"，但她将工资、奖金和社会各界的捐款全部投入山区教育中。她长期义务兼任华坪福利院院长，含辛茹苦养育 136 名孤儿，被孩子们亲切地称为"妈妈"。正是陶行知先生和张桂梅老师这种对教育事业无比热爱和无私奉献的精神，使其成为一代又一代教师的榜样。

其次，教师的榜样力量体现在其不懈追求真理的创新精神中。"创新是一个民族进步的灵魂，是一个国家兴旺发达的不竭动力，也是中华民族最深沉的民族禀赋。"①"在激烈的国际竞争中，惟创新者进，惟创新者强，惟创新者胜。"②身为教师，应时刻保持对学问潜心钻研的态度，只有不断创新、不断探索、不断学习，才能适应时代发展的需要，才能为国家培养更多优秀人才、贡献自己的力量。北京航空航天大学教授刘大响，是中国航空动力界的第一位院士。他扎根基层开展科研，曾经隐于深山三十载，只为国产飞机能装上强劲的"中国心"。在高空模拟试车台建设中，刘大响冒着风险采用新材料改造加温炉，使升温时间从 30 小时缩短至 3 小时，大大节约了发动机试验成本；提出用大型膨胀涡轮替换氨冷冻机组，消除了高空模拟试车台试验时的重大安全隐患；主持完成了高空模拟试车台总体联合调试，完成了与俄罗斯高空模拟试车台的对比标定试验，其试验技术和测试精度达到了国际先进水平，最终交付国家验收。刘大响坚信"动力要过关，人才最关键"，因此他一直坚守教学一线，多年来培养了李继保、黄维娜、王永明等一大批总设计师、副总设计师，培养了申秀丽等航发领域知名

---

① 中共中央文献研究室：《习近平关于科技创新论述摘编》，3 页，北京，中央文献出版社，2016。

② 中共中央文献研究室：《习近平关于科技创新论述摘编》，3 页，北京，中央文献出版社，2016。

教授。刘大响用自己的行动诠释了作为一名一线科研教育工作者潜心科研、勇于创新、不断探索的精神，也为我们树立了榜样。

最后，教师的榜样力量体现在其对社会的高度责任感中。社会责任感强调一个人对其他人的伦理关怀和义务。强烈的社会责任感表现为从小我走向大我，有志气、有骨气、有底气，有大爱、有大德、有大情怀，有着"天下兴亡，匹夫有责"的使命感和对其他人负责、对社会负责的责任感。朱永新教授发起的民间教育改革行动"新教育实验"生动地诠释了作为教育工作者的社会责任感。地处苏州昆山市千灯镇的千灯中心小学，是一所有着一百多年办学历史的乡村学校。尽管学校历史悠久，但很多年一直寂寂无闻。2013 年，在"新教育实践"起步阶段就参与进来的储昌楼成为这所学校的校长。作为"新教育实验"最早的推广者之一，储昌楼来到千灯中心小学的目的很简单：用"新教育实验"的基因，让这所百年老校焕发生机，成为一所真正的"新教育"学校。他立下了"军令状"：一年让学校项目有模有样，三年让学校经看耐看，五年让学校成为一所公认的"新教育"好学校……事实也交出了一份理想的答卷。直面乡村学校的办学困境，帮助学校找到突围的路径，这是"新教育实验"多年来一直坚守的可贵品质。至 2022 年年底参与"新教育实验"的乡村学校达到了 5000 多所。[①]"新教育实验"让许多乡村学校校长发现，原来在教育的世界里，还有比分数和考试更重要、更值得追求、更有意思的东西。朱永新教授发起的"新教育实验"

---

① 林忠玲：《教育麦田的守望者——新教育实验纪实》，载《人民政协报》，2022-12-21。

不仅成功地激活了千灯中心小学这所百年老校的活力，更在全国范围内激起了乡村教育改革的浪潮，深刻诠释了教师及教育工作者所承载的社会责任感。

作为新时代教育工作者，我们应当秉持崇高的职业精神与人格魅力，以松树的坚忍、小草的学习精神、大海的包容及细雨的润泽来指导我们的工作和生活。要不断努力提升自己的专业素养和教育教学能力，为学生的成长和国家的未来贡献自己的力量。

教师的仁爱之心不是一朝一夕形成的，而是在长期的教育实践中，在与学生的互动中，在不断的学习和自我反思中逐渐培养和深化的。教师不仅是知识的传递者，更是情感的传播者和价值观的塑造者。在制度的框架下成长，在社会的期待中前行，在个人的修养中发光，教师的每一步都凝聚着责任与爱。在新时代的背景下，教师的仁爱之心需要得到更加广泛的认可和支持，这不仅是对教师个体的肯定，更是对教育事业长远发展的助力。仁爱之心，作为人类最珍贵的品质之一，是教师最为宝贵的财富，也是其教育事业发展的不竭动力。

第二节　教师教学工作中的仁爱之举

没有爱就没有教育，唯有爱才能育爱。教育中的爱是一种无形的力量，却能结出许多有形的果实。它体现为生命对生命的尊重、人格与人格的平等、情感与情感的共鸣、智慧对智慧的点燃。爱是尊重，爱是信任，爱是宽容，爱是要求，在教育教学实践中，教师要让爱充满心间，把爱撒向学生，以爱育爱，用爱与智慧托起明天的太阳，使学生能够体验爱、理解爱、付出爱。

一、关爱与尊重：做有温度的教育

"人"既是教育的出发点，也是教育的归宿。教育是以人为对象的社会活动，作为一种培养和造就人才的崇高事业，必须把育人作为第一要务。①教育中的以人为本就是关爱和尊重学生的生命本性。关爱，强调的是一种情感；尊重，凸显的是一种理性。教育不仅需要情感，更需要理性。只有在理性的基础上，情感才能发挥无穷的力量。

(一)关爱与尊重是教育的起点与基石

尊重是人和人之间的相互认同，尊重是心和心之间的平等。教师对学生真正的尊重，即把学生看成独立的人、平等的人、成长中的人。只有建立在尊重的基础之上，教育才能真正发挥作用，促进每个学生的全面发展。

没有尊重，教育就谈不上平等。人类社会的美好存在必须以人与人之间的相互尊重为前提，教育就是要从这个前提出发，进而建构丰富的内

---

① 翟博：《育人为本：教育思想理念的重大创新》，载《教育研究》，2011(1)。

容，否则一切都只能是空中楼阁。

中国古代教育家孔子主张教师要善于"因材施教"，重视发展每个学生的特长。《学记》中也提到教学要"道而弗牵，强而弗抑，开而弗达"。这些都是尊重学生、尊重教育规律的深刻体现。在西方教育发展史上，夸美纽斯和卢梭倡导的"自然教育"，裴斯泰洛齐的"和谐发展"思想，都把对学生的尊重当作教育的前提。新教育思潮的代表人物爱伦·凯反对压制学生的个性和施行体罚，倡导教育的民主和自由。蒙台梭利呼吁社会要尊重学生的人格，爱护他们"纯洁而又敏感的心灵"。美国教育家杜威全部的教育理论都贯穿着尊重儿童的理念。他援引埃默森的思想说："尊重儿童。不要过分摆起家长的架子。"①苏联教育家马卡连柯提出"严格要求与尊重信任学生"的教育思想，至今仍是我国教育教学活动的一个基本原则。这些都表明，关爱与尊重作为一种教育信念，有着深厚的历史和理论根基。

关爱与尊重是有生命力的。当一个人向对方发出"尊重信息"的时候，一定会接收到积极的回应。如果教师能够平等地对待和尊重学生，师生之间就会形成和谐的关系。在实践中，教师要善于倾听学生的声音，平等地与学生交流。顾明远先生曾讲过，为什么学生喜欢与同伴交流、与朋友交流？因为与同伴、朋友是平等的。相反，他们认为父母和老师是大人，是权威，总是会教训人。因此，父母也好，老师也好，要想与孩子沟通，就

---

① 柳海民、杨进：《尊重的教育：21世纪基础教育的基本理念》，载《社会科学战线》，2005(2)。

要放下架子，平等地对待孩子，不要摆出大人的权威，要与孩子交朋友，倾听他们的心声。如果孩子能把心里话讲给你听，教育就成功了一大半。也就是说，教师不仅要"看到"学生，更要"看见"学生。教师"看到"学生并不困难，但要"看见"学生是不容易的。

关爱与尊重作为一种教育智慧的体现，是教育中落实学生主体地位的关键。随着现代文明的不断发展，人的主体性比以往任何时候都被重视。20世纪80年代，顾明远先生发表的《学生既是教育的客体，又是教育的主体》一文，首次提出了"学生主体说"。顾明远先生认为，学生是活生生的人，人的素质千差万别，他们具有主观的能动性，一切教育影响都要通过学生自身的活动才能被学生所接受。那么应该如何把学生当作学习的主体呢？顾明远先生在他的教育箴言中给出了答案——学生成长在活动中，即学校、教师要为学生创造活动的环境，组织学生积极活动，使学生在活动中懂得自己的责任，建立起责任感；在活动中学会与同伴沟通与合作，养成良好的品质。有些课堂搞得很热闹，学生讨论得热烈，甚至又唱又跳，但总有学生并没有积极参与，似乎是旁观者，没有积极的思维活动。很多教师都夸浙江的数学特级教师俞正强老师的课上得好，但是学不来，不明白他为什么和学生聊着聊着学生就懂了。其实，俞正强老师的课好就好在他充分地尊重了学生的主体地位，将问题的切入点建立在学生已有的经验基础之上，通过不断唤醒学生自主意识，带领学生澄清过去模糊的已知经验，思考知识的本质，并鼓励学生探索未知领域。学生在这一过程中发展了自身的思维品质，体会到了思考的乐趣，这才是教学的本质。

正如顾明远先生所讲的，没有爱就没有教育，真正的爱是建立在信任和理解的基础之上的，只有信任学生、理解学生，真诚平等地对待学生，教育才能真正发生。①

(二)铺就有温度的教育环境

教育是人与人之间的事业。教育的本质是培养人，而非简单的知识灌输。每个学生都是独一无二的个体，他们有着各自的特点、兴趣和潜力。教师的责任就是要平等对待每一位学生，正视学生的成长特点和规律，尊重每个学生的独特性、兴趣、需求和观点。教师在尊重学生、平等对待学生的基础上建立交流和对话，使学生感受到自己的价值和尊严，敢于表达自己的见解和疑惑，进而在与教师平等的互动中完成知识的获取和价值理念的树立。

1. 教师要做到言传与身教相统一

学高为师，身正为范。教师的一言一行都会潜移默化地影响学生的行为。美国教育学家布鲁纳曾讲道："教师是教育过程中最直接的有象征意义的人物，是学生可以视为榜样并拿来同自己作比较的人物。"②从某种意义上说，身教比言传更为重要，正所谓"喊破嗓子，不如做出样子"。因此，教师要求学生怎么做，自己要先做出表率。在良好师德师风的影响和

---

① 顾明远：《敬业爱生 严谨笃学——纪念第 23 个教师节》，载《中国教育学刊》，2007 (9)。

② 郭本禹、姜飞月：《自我效能理论及其应用》，125 页，上海，上海教育出版社，2008。

带动下，学生才会亲其师，信其道。平等友好地对待学生，就是对学生最大的尊重。如果教师在日常工作中能够"先向学生问好""不以学业成就论好坏""保护学生隐私""请学生坐下来谈话""不小瞧学生""不用'差生''愚笨'等词"，以关心、赏识的态度对待学生，一定会得到学生的接纳。一句表扬、一个微笑，对表现优异的学生是锦上添花，对那些需要鼓励的学生则是雪中送炭。"锦上添花"让表现优异的学生获得成功的愉悦，"雪中送炭"让需要鼓励的学生感受到温暖。教师尊重学生，有助于唤醒学生的自尊意识，学生也会自觉地检视自身行为，规范自身言行，在学习生活中更加尊重他人。

教学不仅是言传，更重要的是身教，教育力量应当从教师的人格中来。在一堂公开课上，于漪老师正讲到课文中"一千万万颗行星"时，一位同学脱口发问："老师，'万万'是什么意思？"惹得其他同学哄堂大笑。发问者一时十分尴尬。于漪老师这时说："很多同学都知道'万万'等于'亿'，那么这里为何不用'亿'而用'万万'呢？"全体学生的注意力一下子被吸引过来，没有人再发笑，大家都认真地思考起来。于漪老师接着进一步解释说："这正是汉语的叠词叠韵之美影响了此处的用词。"最后又说道："请大家想想，今天额外的课堂收获是怎么来的？大家要感谢谁呢？请让我们用掌声表达对他的谢意。"于漪老师善于发现学生、善于理解学生的心，在这里闪耀着淡淡的如珍珠般的光芒。于漪老师对学生听讲中的疑问（即使是一个简单的疑问）抱着尊重的态度，细心地用精湛的专业素质给予引导解答，并请所有的学生一起向这位提出问题的同学致谢，把所有学生的心引向善良美好的方向。这正是在教书过程中的育人。

2. 教师要正视学生的成长特点和规律

首先，儿童的发展是连续性和阶段性的统一。也就是说，儿童发展既是一个辩证的连续体，又有独特的阶段性特征。瑞士心理学家皮亚杰认为，儿童认知发展可以分为四个主要阶段。[①] 感觉运动阶段（0～2岁），儿童通过感觉（如视觉、听觉）和动作（如抓握、吸吮）与世界互动；前运算阶段（2～7岁），儿童开始使用符号（如语言和图像）来表示物体和事件，但他们的思维仍然以自我为中心；具体运算阶段（7～11岁），儿童能开始进行具体的逻辑思维，可以理解因果关系和进行归类，并且能够考虑多个角度和观点，不再局限于自我中心；形式运算阶段（11岁以上），个体能进行抽象思维和逻辑推理，不再局限于具体的经验和事件。可见，儿童在连续发展的过程中会经历多个不同的发展阶段，每个阶段都有其独特的发展特点。这些阶段既不能颠倒顺序，也不能随意跨越。教育者要尊重这个规律，避免错过关键期或是拔苗助长。

其次，教育应该关注差异，即群体共性与个体差异的关系。尽管学生的发展有共性，但每个学生仍然存在鲜明的个体差异，如能力发展的差异和学习风格的差异。能力发展的差异表现在个体差异和群体差异两个方面。能力发展的个体差异表现为能力发展水平的差异、能力类型的差异和能力表现早晚的差异；能力发展的群体差异是指不同群体之间的能力差异，包括能力的性别差异、能力的年龄差异等。学习风格的差异则是指个

---

① ［美］罗伯特·索尔所、奥托·麦克林、金伯利·麦克林：《认知心理学》第8版，297页，上海，上海人民出版社，2018。

体在学习时具有的或偏爱的学习方式，即个体在研究和解决其学习任务时表现出来的具有个人特色的方式。教师要关注学生个体的差异和发展需求，充分尊重学生的多样性，通过灵活的教学策略和资源支持，激发学生的思维活力和学习动力。

最后，教师还要关注个体的全面发展，注重对学生社交技能、情绪管理、道德价值观等多方面能力的培养，并且在此基础上构建体现多元文化和包容性的教育环境。教师要尊重不同文化背景和特点的学生，要教育学生学会尊重他人，包括尊重他人的观点、文化背景和个人价值，引导学生进行开放、包容的讨论和交流，培养他们的多元文化意识和跨文化沟通能力。

(三)搭建有温度的教育成长平台

尊重是一切活动的前提，尊重学生是构建有温度的教育环境的第一要务。一个有温度的教育环境不仅是一个舒适的学习场所，更是一个充满关爱和尊重的地方。在这样的环境中，每个教师用心去挖掘学生的潜能，用爱去滋养学生的心灵；每个学生都能感受到被重视和被尊重，从而更加自信地面对学习和生活。

1. 让学生用自己的方式发光

学校教育中的关键问题是关系问题，即如何正确处理作为教育者的教师与作为被教育者的学生之间的关系。在美国心理学家马斯洛提出的需要层次理论中，尊重的需要仅次于自我实现的需要，而且只有尊重的需要得到充分的满足后，个体才会产生自我实现的需要。尊重是重要的，也是处理师生关系的核心。尊重的需求具体包括自尊、自重、尊重他人和被他人尊重的需要。其核心内涵为：为获得实力、成就、认可和自立等，个体都存在着迫切希望得到他人赏识和高度评价的需要。当学生感到被平等对待并受到尊重时，他们更有意愿投入学习活动，积极参与课堂讨论和学校活动。因此，教师应该为学生提供宽松的氛围，民主、平等、和谐的环境，倾听和重视学生的需要和关注点，并给予他们积极的反馈和支持。北京十一学校原校长李希贵曾说过："我们真正想做的，是为孩子营造一个适合成长的环境，让他们发现自我，唤醒自我，最终成为自我。"[1]在此基础上，十一学校创造了学生对自己负责任的教育机制，把大量选择的机会还给了学生，引导他们学会规划和管理自己的时间。例如，实施选课走班之后，学生每学期都得基于各自的现实与理想安排每天的课程表；每天下午 4 点20 分后的 1 小时多，是属于全体学生的自由时间，这使得社团活动变得前所未有的火爆。

在教学实践中，不仅要尊重学生个体，而且对待学生群体与班级也应如此。著名教育家魏书生既能把班带好，又能把学生教好。这种教学成果绝不是仅靠管、卡、压、勤、严出来的，更重要的是他在民主、科学思想指引下的一系列制度和措施。魏书生的教育思想和实践概括起来就两个字：商量。他做班主任凡事都会和学生商量，班级的事没有一件事是他自己决定的。他班上的班规班纪都是全班开会、讨论定下的。这样把管理班

① 李赋：《改变世界，以教育的方式：北京十一学校变革启示录》，33 页，上海，上海教育出版社，2020。

级的权利交给学生，就能达到"人人有事干，事事有人干，时时有事干"的效果。在魏书生的日记摘抄中有这样的话："民主像一座搭在师生心灵之间的桥。民主的程度越高，这座连通心灵的桥就越坚固、越宽阔。"

2. 善于激发学生的发展潜能

教育教学要回归生命原点——认识学生、研究学生、顺应学生并服务学生。学生的成长有着无限的可能性，面对学生的可能性，教师需要善于发现并激发学生的发展潜能。"儿童若能自主做事，他就会从做事过程中感到快乐。"①现代教学之所以强调学生本位，就是因为教育不仅应该尊重知识，更应该尊重每一个活泼的生命，尊重个体的发展潜能，让每一个生命活泼地生长。那么教师应该如何发掘学生的潜能呢？第一要务就是要搭建有利于学生"挖掘潜能，张扬个性"的教育教学实践平台。

没有兴趣就没有学习。兴趣，其实就是人的一种内驱力，是人的活动的内在动机。因此，教师首先要从学生的兴趣上去发掘其潜能。美国发展心理学家加德纳指出，作为个体，我们每个人都同时拥有相对独立的八种智能，即语言智能、数学逻辑智能、空间智能、身体运动智能、音乐智能、人际智能、自我认知智能、自然观察智能。这八种智能以不同方式、不同程度进行组合，使得每一个人的智能各具特点。因此，在课堂教学活动中，教师应细心观察留意学生感兴趣的方向，给予学生恰当的引导，让其充分发挥自身优势。教师还可以从设计的问题中去发掘学生的潜能。问题的设计旨在帮助学生更好地认识自己，让学生从中了解："我是个怎样

---

① ［意］蒙台梭利：《有吸引力的心灵》，210页，北京，北京理工大学出版社，2015。

的人，我喜欢干些什么，我擅长什么，我应该有哪些作为……"进而有机会去尝试、去比较、去判断，逐渐地成为学生自己。除了课堂教学平台之外，学校还应该搭建实践教学平台、科技活动平台、竞技活动平台，引导学生开展各类教学实践，参加各类比赛，进行合作、探讨与创新，鼓励学生"做中学"，以真正挖掘并发挥他们的潜能和智慧。

诚然，对学生潜能的挖掘是教师工作的难点和重点。"好老师总是用放大镜去发现学生的亮点，而不是用显微镜去寻找学生的缺点。"①因此，教师要想具有唤醒学生潜能的能力，就必须耐心地去寻找学生的闪光点。

在苏霍姆林斯基领导的帕夫雷什中学里有这样一个观念：相信一切学生都能被教育好，教师的主要任务就是唤醒学生的潜能。苏霍姆林斯基一生教育过 178 名"困难学生"。他曾经不无感慨地说："我接触过的学生成千上万，奇怪的是，留给我印象最深的并不是无可挑剔的模范生，而是别具特点、与众不同的孩子。"小学生高里亚就是一个典型的例子。高里亚的父亲去世后，高里亚的母亲入狱十年，他只能住在姨母家。姨母把高里亚视为负担。高里亚在上学的第一个月就成为典型"难教育"的学生：上课时懒惰、会撒谎，植树时破坏树苗，考察时四处闯或做滑稽动作，还爬上峭壁往下看并语出惊人地说要跳下去。苏霍姆林斯基根据高里亚的家庭情况，找来班主任等相关教师共同分析高里亚产生上述行为的原因。他提出

---

①　教育部新闻办公室、教育部新闻中心：《我以我心荐教育：做党和人民满意的好老师征文集》，4 页，北京，人民教育出版社，2015。

了自己的看法："高里亚对自己的行为所抱的态度，是故意装出来的、不自然的。家庭环境的影响，使高里亚对人们失去了信心。对他来说，生活中没有任何神圣的、亲切的东西。"苏霍姆林斯基的看法对其他教师的思想触动很大。大家一致认为，高里亚之所以表现不好，是因为过去教师们只看到了他恶劣的一面，而没有主动关心、挖掘他身上闪光的地方。因此，高里亚表现出来的缺点，是在向周围的人对他的漠不关心、冷淡无情的态度表示抗议。这样的分析增强了教师们的同情心、关注之情、教育的敏锐性和观察力。

一次，苏霍姆林斯基发现高里亚在单独玩耍，就把高里亚请进了生物实验室，要高里亚帮忙挑选苹果树和梨树的优良种子。虽然高里亚当时装出不屑的样子，可是好奇心还是占据了上风。他们两人一起做了两小时多，直到很累为止。这件事引起了高里亚的极大兴趣，当班主任再次去高里亚家进行家访时发现他正在施肥栽树。此后，班主任因势利导，在班级栽树活动中让高里亚指导别的学生，教师及时的发现和鼓励逐渐温暖了高里亚的心灵。苏霍姆林斯基后来总结道："教师对学生潜能的召唤需要有足够的耐心并且是一个长期的过程。如果对学生潜能的萌芽进行及时的表扬，那就有利于唤起他们'思维的觉醒'。"

平等与尊重是一种教育理念，也是一种教育态度、教育方法，更是一种教育艺术，隐含着无穷的教育力量。平等与尊重能使教师看见学生眼里的渴望，能温暖学生无助的心灵，能够激发内驱力、激励成长，帮助学生成长为更好的模样，引导学生在理想之光的照耀下追求真善美的人生境界。

二、信任与理解：做能共情的教育

教育是一种相互交流和理解的过程，师生间的信任和理解有助于建立和谐关系并促进有效学习。因此，教师要善于倾听学生的心声，充分信任学生、理解学生，达到心灵与心灵的沟通、灵魂与灵魂的交融、人格与人格的对话。

(一)信任与理解是师生关系的基础

"亲其师而信其道。"它指出了和谐的师生关系的重要性。师生关系是学校最主要的人际关系，相互的信任关系是师生沟通、联系的基础，对于教师的教学和学生的学习活动都具有重要意义[1]。和谐的师生关系有助于提高课堂教学效率，有助于发挥学生的聪明才智，也有助于师生的身心健康。

1. 信任与理解关乎教学成败

美国心理学家罗杰斯认为，成功的教学依赖一种拥有真诚的理解和信任的师生关系。教学过程是教师与学生共同活动的过程，是在教师引导下的学生的学习过程。教师在传授知识、发展学生智力的同时，要有相互间的感情交流。

首先，师生间的信任与理解是影响教与学的前提动机。一方面，在教

---

① 潘露：《师生信任的困境与突围》，载《教育学术月刊》，2008(4)。

学之前，教师能够了解每个学生的特点与个性，准确理解和判断学生的需求和问题，才能更好地调整教学内容和方法，满足学生的不同需求并提高教学效果。另一方面，师生间的相互尊重、爱护与信任，以及教学中的密切合作，可以激发学生的内在学习动机，提高学生的认知积极性。

其次，师生间的信任与理解关乎教学过程的顺利开展。如果师生彼此信任与理解，学生更愿意在课堂上畅所欲言，积极分享他们的观点，从而营造出开放、包容和富有创造力的学习环境。信任与理解使师生敞开心扉，建立起相互依存、相互协调的情感纽带，使学生的精神格外亢奋，使教学由单一的知识灌输转变为全面的心灵对话成为可能。缺乏信任和理解，师生之间就没有真正的情感交流与沟通，教学也将毫无疑问地成为教师的"独角戏"。20世纪70年代末，语文课堂"单调、呆板、低效"，限制着儿童的发展。李吉林老师苦苦探索，"我仍然像儿童一样，常常睁大眼睛看着这多彩的世界，用儿童的心灵去感受，去体验，心里想着许多问题……我常常就是这样，像孩子般怀着一颗好奇心去设计教学，童心帮助我想出许多好办法"①。最终创造性地提出"情境教育"，打造开放、平等、热烈的学习情境使得师生共同沉浸在美的教学情境中。

最后，师生间的信任与理解也影响着教育改进与教学评价。一方面，学生的信任和支持将激励教师不断改进教学策略，更好地服务于学生学习，促进学生学业成就的有效提升。正如林杏芳老师，1993年迈上三尺讲台，一直担任语文教学和班主任工作。她生性热情活泼，童心永驻。她把

---

① 李吉林：《我是播种者》，345页，北京，人民教育出版社，2006。

班级布置成"儿童的乐园，书香的家园"。她深知学生天性好动、好奇、好胜。她努力创设各种展示平台，建立起各种评选机制，譬如"最闪亮的小明星""最有爱的小雷锋""最出色的小作家""最标准的播音员"……采用积分抽奖、班币换奖、颁发奖状、传送喜报、佩戴胸花、身披红绸等奖励方式鼓励学生，深受学生和家长欢迎。她严而有度，课上是教师，课后是朋友。她用爱和童真与学生交流。每一届学生最大的愿望——"林老师把我们带到毕业!"正因为她善于与家长、学生交心，她带的学生的学业成就总是很优秀，班级工作总是事半功倍。另一方面，教师的信任、理解与厚爱也影响着教学评价。理解学生的学习背景、个人特点和心理状态，能够帮助教师在评价学生时不只关注结果，更关注过程。这种理解促使教师在设计评价标准时，能够考虑不同学生的学习差异，从而制定更为科学、合理的评价指标。通过理解，教师能够为学生提供更有针对性的反馈，使评价成为学生自我反思与进步的动力。

2. 信任与理解关乎情感需求

首先，信任与理解促进了学生的情感健康与心理发展。在信任的环境中，学生会感到更少的压力和焦虑，他们知道即使在失败时自己也能得到教师的理解和支持。这种心理安全感使得学生能够坦然面对学业上的波折，而不是陷入自我怀疑或过度焦虑中。理解学生情感的教师能够更敏锐地察觉学生的心理状态，并及时提供情感支持，帮助学生在情绪调节和压力管理方面获得成长，使学生更好地应对未来生活中的挑战。

其次，教育的目标不仅仅是传授知识，更重要的是培养学生的社交能力和情感智慧。教师不仅是知识的传授者，更是学生的引导者和朋友。在师生互动过程中，当学生感受到来自教师的支持和理解时，他们会更加愿意敞开心扉，表达自己的想法和感受。教师也能通过与学生建立信任和理解的关系，更好地了解学生的个性特点和需求，从而更好地指导和帮助学生实现自己的理想。这种情感联系不仅有助于学生在未来的人际关系中更加自信，还能使他们更加尊重他人、理解他人。

最后，信任与理解还能促进学生的道德发展与价值观形成。在一个充满信任和理解的教育环境中，教师不仅是知识的传授者，更是道德榜样。学生在与教师的互动中，自然地受到教师行为和价值观的影响。教师通过信任学生，赋予学生责任感，并通过理解学生的行为和动机，帮助学生形成正确的道德判断。这种教育方式不仅能帮助学生在学业上取得成就，更能引导他们成为有责任感、有道德感、有社会担当的人。

(二)构建平等的师生关系

在当下的教育教学工作中，值得教育工作者深思的问题之一，就是如何与学生建立"信任"关系。如果受教育者和教育者之间是一种敌对状态，那么教育教学工作就不可能正常、顺利地进行。这就要求教育部门和学校着力提升教师素养，使教师能够给予学生足够的信任与理解。教师也应该将对学生的信任与理解落实到平时的一言一行中，努力构筑平等和谐的师生关系。

1. 站在学生角度，了解与尊重学生

师生间的信任与理解是教育中弥足珍贵的财富，同时它又是十分脆弱的，关心的缺失、情感的波动、能力的质疑、沟通的匮乏、误解的出现都

有可能导致师生在交往的过程中产生信任危机。因此，教师要了解与尊重学生，经营和维护良好师生关系。要深入学生，了解学生学习状况、家庭状况、思想状况，善于发现学生的才能，掌握每个学生的个性。只有摸准学生思想的"脉搏"，并对症下药，才能提高"疗效"。要尊重学生的个性，尊重学生的意愿和选择。每个学生都是独立的个体，都有自己独特的特点、爱好和想法。教师与学生因年龄的差异，生长环境、思维方式的不同，容易产生认识上的差异。教师应多站在学生的角度看问题，揣摩学生的心态，使学生感受到教师对自己的理解和尊重，从而产生温暖感和满足感。中华人民共和国第一位刑法学博士生导师高铭暄，从教近70年来，教过本科生，培养过硕士生、博士生，指导过博士后研究人员，还为进修生、电大生、夜大生、高级法官班学员、高级检察官班学员授课。每名学生的姓名、入学时间、论文题目等，他都字迹工整地一一记录在册。"培养、指导学生，是一生中最大的乐趣和成就。"高铭暄先生指导学生，并不在意知识的灌输，而在于方法的启蒙。他指导学生有教无类，注重因材施教，对所有学生一视同仁，尊重每个学生的特点、个性和兴趣。[①]

2. 以平等的态度，主动与学生做朋友

教师应该以平等的态度，主动与学生做朋友。这不仅是现代教育理念的体现，更是促进学生全面发展的有效途径。师生之间的关系不应只停留

---

① 吴爽：《做心怀"国之大者"的"大先生"——访"人民教育家"国家荣誉称号获得者高铭暄》，载《教育家》，2021(48)。

在传统的权威和服从模式上，而应该是在平等的基础上建立的友好互动。这种平等的关系能够打破教师和学生之间的心理隔阂，促使更为开放、自由的学习环境的形成。

首先，教师应以平等的态度与学生相处，建立信任的师生关系。学生是教育的主体，他们不仅需要获取知识，还需要在心理和情感上得到理解与支持。当教师主动以朋友的身份接近学生，学生会感受到被尊重的平等感。这种平等关系能够让学生在学习中更加自信和自在，从而更积极地对待学习。

其次，教师还应该主动跟学生做朋友，主动倾听他们的喜怒哀乐。例如，多以朋友的身份与学生交谈，用亲切的眼神、和蔼的态度、热情的赞语，缩短师生之间的距离。在课间或放学后，教师可以经常和学生一起活动，或者在走廊上和学生交流谈心，主动关心学生近况，分享彼此的日常生活。总之，教师要想与学生达到心灵相通，就必须以尊重和平等的态度，用爱心和恒心去搭建一座牢固的信任桥梁。

(三)主动沟通与进行有效对话

善于与学生沟通，可以有效拉近师生间的距离，增进师生感情。学会共情，充分理解学生的需要，既包括学习的需要、成长的需要，也包括休息的需要、交友的需要等，特别要理解学生具有人格尊严的需要。多以平等的姿态跟学生谈心，做他们的朋友，帮助他们走出心理困境。

1. 主动沟通，走入学生的心灵世界

教师作为教育的核心，除了传授知识外，更需要关注学生的心理和情感需求。主动与学生沟通，不仅能提升教学效果，还能建立深厚的师生关系。走入学生的心灵世界，意味着教师不仅停留在学科知识的教授上，更要深入学生的情感世界，理解他们的困惑、焦虑和期望，帮助他们更好地应对学习和生活中的挑战。首先，教师主动与学生沟通可以消除师生之间的距离感。传统的师生关系往往建立在权威和服从的基础上，学生对教师怀有敬畏之心，导致沟通具有单向性和局限性。教师主动发起沟通，能够打破这一固有的框架。教师通过与学生分享个人经验、探讨共同关心的话题，可以让学生感受到教师不仅是知识的传授者，而且是他们的支持者和朋友。这样的沟通方式有助于营造一个轻松、开放的课堂氛围，学生在这种氛围中会更加愿意表达自己，从而促进学习动机的提升。其次，走入学生的心灵世界可以帮助教师更好地了解学生的内在需求和情感状态。每个学生都是独特的个体，学生的成长背景、性格特征、情感需求各不相同。通过主动沟通，教师可以了解学生在学习和生活中面临的困惑和挑战，及时给予情感上的支持和指导。特别是处于青春期的学生，他们正经历着自我认知的形成和心理的波动，如果教师能够敏锐地察觉到学生的情感波动，并主动与他们沟通，及时给予指导和帮助，那么不仅能帮助学生解决当前的困惑，还能让学生感受到来自教师的关怀与支持。这种情感上的互动，能够增强学生的归属感和安全感，帮助学生更好地应对学业和生活中的挑战。

2. 善于运用技巧，进行有效对话

教师善于运用有效的对话技巧，不仅能够促进学生的学业进步，还能够使学生更加自信、自律，并培养他们解决问题的能力。有效的沟通是教师与学生建立良好关系的基础，这种沟通不仅是信息的传递，更是情感的交流和思想的碰撞。在教育教学与日常谈心中，教师应尽可能运用沟通的技巧，与学生构建新型的良师益友、亦师亦友的关系。例如，教师与学生沟通时并不需要特别注重场合，也不需要选择特定的时间，这样可以让学生感到自然，减少学生的心理压力和对教师下意识的防备，使对话和谐、愉快、轻松。同时，教师应善于使用接纳性和鼓励性的语言，少使用批评性、责备性的语言。如果师生间情感疏远，心理距离大，学生就会对教师产生一种敬而远之的回避心理，教师便不容易被学生接受，其传授的知识内容也不容易被学生接受。人民教育家高铭暄常的学生大多有两个无比幸福的深刻记忆：其一，在诚惶诚恐地向老师递交论文时，老师都是先亲手端上一杯清香绿茶，再谈论文；其二，你可能在不经意的闲谈时提起自己的生日，而老师便会悄悄记下，当你生日来临之时，手机短信里会出现一句"某某生日快乐！"只要能腾出时间，高铭暄总是乐于和学生相处，从不限定学生的来访时间和次数，无论是学问上的难题，还是日常生活中的困惑，他都愿意帮助学生解决。

信任和理解在师生关系中的作用就像水和空气对于人类的生存和发展一样重要。师生间的信任和理解一直被认为是建设健康和谐的师生关系不可或缺的重要部分，关乎教学效果与情感需求。只有教师学会理解学生，做学生的朋友，掌握沟通技巧，搭建平等、有效的对话桥梁，教学活动和教育事业才能得以有效、顺利地开展。

三、宽容与严格：做有张力的教育

教育是爱的事业，教师的仁爱是通过宽容和严格并济的手段来实现的。教师的宽容与严格看似矛盾，但实际上是一体的两面，相辅相成。只有将它们结合起来，实现宽严相济，做有张力的教育，才能创造一个既充满关爱和支持，又具挑战和激励的教育环境。

（一）宽容与严格是教育的两面

教育的张力，一面是教师那宽容如春风的教育方式，它轻轻拂过学生的心田，唤醒学生心中对知识的渴望，鼓励他们勇于尝试；另一面则教会学生如何在学习和生活的海洋中航行，探索知识的真正奥秘。在这样的教育张力下，学生能够在宽容中增强自信心，在严格中追求卓越。

教师的宽容体现在接纳学生之间的差异上。每一个学生都有独特的背景、天赋、兴趣和学习速度。一方面，教师需要接受这些不同，允许学生在学习过程中展现出他们的个性差异，并在此基础上引导学生实现自我提升；另一方面，教师还需要宽容对待学生的错误，不苛责学生，而是引导学生从中吸取教训，鼓励他们勇于尝试，在失败中寻找成功的可能性。教师应当告诉学生，犯错误并不可怕，错误其实是学习的一部分，只有通过犯错和纠正，才能真正理解和掌握知识。

宽容并不等于放任，在接纳学生的同时，教师也不能放松对学生的严格要求。这里的严格并不是指严厉或苛责，而是为学生的学习成果和行为设定清晰的要求，并督促学生达到这些目标。教师的严格要求可以帮助学生树立正确的价值观和行为规范。在这个过程中，学生可以逐渐明白教师对他们的要求，这对学生的道德和品格发展必定具有积极的影响。

教师的宽容与严格是相互补充的。习近平总书记强调："广大教师要严爱相济、润己泽人，以人格魅力呵护学生心灵，以学术造诣开启学生智慧，把自己的温暖和情感倾注到每一个学生身上，让每一个学生都健康成长，让每一个孩子都有人生出彩的机会。"[①]这对广大教师如何更好成长为有爱心、有责任、有情怀的好老师提出了新的要求。在实践中，宽严并济的教育模式强调教师在严格的要求和宽容的氛围之间找到平衡点。适度的纪律和对错误的适当惩罚是必要的，这有助于学生建立正确的价值观和责任感。过分的严格可能会压抑学生的创造力和批判性思维；过分的宽容可能纵容学生的不良习惯，使学生失去自我管理的能力。教师需要灵活运用这两种品质，当学生信心不足时，教师要给予更多的宽容和鼓励；当学生放松自我时，教师要给予更多的严格要求和引导。

(二)关注学生需要

关注学生的需要是教师宽严并济的基石。美国心理学家马斯洛把需要分为生理需要、安全需要、社交需要、尊重需要和自我实现需要。个体在不同时期的需要内容和程度有所不同。对于学生而言，在保障生理需要和

---

① 王学斌：《从文明古国迈向文化强国》，204～205 页，北京，人民出版社，2023。

安全需要的基础上，教师可以深入了解他们的社交需要、尊重需要和自我实现需要。当然，在关注这三类需要之前，教师的重要工作是深入了解每个学生的学习需要，从而提供个性化的教学策略和学习支持。

首先，教师应当关注每个学生的学习需要，根据学生的具体情况灵活调整教育方法，既不纵容也不苛责，旨在激发学生的内在动力和自我管理能力。关注学生需要意味着教师要了解学情，了解不同学习水平的学生的多元需要。学生熟练掌握知识时，教师可以鼓励学生自主学习；学生不擅于表达思想时，教师应鼓励学生表达自己的观点，尊重他们的意见，并在教学活动中引入更多的实践活动，增加学生与教师、同伴交流的机会。通过这种方式，学生不仅能够在知识上获得成长，更能在情感、态度和价值观上得到全面的发展。

其次，教师应该关注学生的社交需要和尊重需要，给予他们关爱和支持。社交需要与尊重需要密切相连，在班级中，每个学生都有不同的家庭背景、兴趣爱好和社交需要，教师需要尊重学生的个性差异。不过，教师把握学生的社交需要并不容易，但只要教师给予学生足够的关爱和呵护，关注学生的情绪变化，尊重学生的人格和尊严，用自己的真诚和热情去感染和打动学生，就能建立起良好的师生关系，激发学生的积极性和自信心。苏霍姆林斯基指出，优秀的教师应该要"让每一个学生在学校里抬起头走路"[1]。从这句话中不难看出，教师对学生持有尊重的态度是多么重要。即使学生犯了错误，教师依然要尊重学生的人格，尊重学生的感情，

---

① 赖志奎：《当代国外教学流派评介》，247 页，成都，成都科技大学出版社，1993。

保护学生的自尊心，有礼貌地对待学生。只有尊重学生，才能感化学生，才能让学生敞开心扉，理解教师之爱。

最后，教师应该关注学生的自我实现需要。关注学生的自我实现需要，是尊重生命、走近心灵，并保持教育温度的必由之路。自我实现指的是学生能够最大限度地发挥自己的实力和潜力，主动思考自身的发展和人生意义。教师需要深入了解学生是否在自我实现方面存在冲突，包括自我独立与家庭归属的冲突、个性发展与群体交往的冲突、个人理想与现实发展的冲突等。① 在适当的时候，教师可以帮助学生辨析这些冲突，鼓励学生找到自我发展的方向。

(三)爱要恩威并施

在教育过程中，只关注学生的多元需求是不够的，教师还需要恩威并施，也就是同时采取恩惠和威严两种手段，以体现对学生的仁爱。教师的恩惠是一种教学智慧，反映了教育者的精神境界与教育艺术；教师的威严是一种对学生的严格要求，反映了教育者的职业素养和教学方法。

教育宽容表现在以下几个方面：第一，在教育对话中，宽容学生的表达和言论，即宽容学生的观点、意见。学生的观点未必是全面的、科学的，但教师要包容学生的不同观点，给予他们自由表达的空间。第二，宽容学生的性格。学生的性格具有多样性，教育者要宽容学生性格的差异性

---

① 刘洋、韩雪峰：《基于马斯洛层次需求理论的大学生自我实现引导路径》，载《辽宁工程技术大学学报(社会科学版)》，2018(5)。

和独特性。教师需要认识到，表面上学生性格的不同，实际上可能是深层价值观之间的差异。第三，宽容学生的错误。错误是重要的教育媒介，对学生的学习和成长具有重要的推动作用。总的来说，教师要宽容接纳学生的多样性，接纳与自己价值观不同的学生，不以一刀切的方式评价学生、要求学生。① 正如李镇西所说："在教学过程中，教师同样应该宽容学生的'与众不同'，甚至应该鼓励学生和老师不一样：不一样的视角，不一样的观点，不一样的评价，不一样的结论。"②教师不应当以自己既定的教学程序及思维模式、思想结论去"规范"学生的心灵。

教师的严格体现了教师对学生的严慈之爱。古人云："名师出高徒。"这表达了严格教育与学生成就之间的关系，严格的教师往往对学生的学业有较高的期望和要求，这促使学生投入更多的精力和时间在学习上，激发学生探索未知领域，从而挖掘和发挥自己的潜能，挑战自我。严格要求学生，教师需要做到两个方面。

第一，教师应该制定明确的班级规则和奖惩制度，并在教学中始终坚持这些原则。明确的班级规章制度可以让学生知道哪些行为是可以被接受的，哪些行为是不可以被接受的。在学期之初，教师可以与学生一起制定班级规则，并在日常生活中强调这些规则，督促学生以此作为生活和学习的标准，培养学生的自律性和责任感。

第二，教师应该完善激励、沟通机制。即使教师严格要求学生，也要

---

① 金生鈜：《教育宽容的气度》，载《新课程评论》，2020(4)。

② 《李镇西：从爱心到民主》，https://www.edu.cn/edu/shi_fan/you_xiu/200603/t20060323_152732.shtml，2024-09-02。

及时给予学生积极的反馈。其中，表扬和批评是重要的反馈方式。教师需要掌握好表扬和批评的尺度，适当的表扬和适当的批评可以帮助学生更好地认识自己，提高自我价值感。首先，在表扬方面，教师需要注重表扬学生的努力和进步，而不是仅仅表扬学生取得的成就。这样可以让学生感受到自己的努力得到了认可，从而激发他们继续努力的动力。教师还需要注意表扬的时机和方式，不要随意表扬，也不要在公开场合对学生进行过于夸张的表扬，以免让学生感到不自在。其次，在批评方面，教师需要注重批评的针对性和适度性。批评应该针对学生的具体行为或表现，而不是针对学生本身；批评应该适度，不要过于严厉或过于宽松，以免让学生感到被羞辱或不被重视。

我国教育家陶行知当校长的时候，就奖惩分明，并善于把惩罚转化为爱的奖励。陶行知有一天看到一个男孩用砖头砸同学，便将其制止并叫他到校长办公室去。当陶校长回到办公室时，男孩已经等在那里了。陶行知掏出一颗糖给这个男孩："这是奖励你的，因为你比我先到办公室。"接着他又掏出一颗糖，说："这也是给你的，我不让你打同学，你立即住手了，说明你尊重我。"男孩将信将疑地接过第二颗糖，陶先生又说道："据我了解，你打同学是因为他欺负女生，说明你很有正义感，我再奖励你一颗糖。"这时，男孩非常感动，流下了眼泪："校长，我错了，同学再不对，我也不能采取这种方式。"陶先生于是又掏出一颗糖："你已认错了，我再奖励你一颗。我的糖发完了，我们的谈话也结束了。"①陶行知并没有对学

---

① 翟小宁：《心灵的教育》，80 页，北京，新华出版社，2021。

生采取打骂的手段，而是在耐心地了解事情的始末之后，用四颗糖巧妙地解决了问题。第一颗糖用来奖励学生守时；第二颗糖用来奖励学生尊重老师；第三颗糖用来奖励学生的正义感，拉近与学生之间的心理距离；第四颗糖用来肯定学生的自我反思。陶行知在教育学生的"宽"中见"严"，这告诉我们，注意批评和惩罚的尺度，是为师者的重要素养。

严在当严处，爱在细微中。教师在处理问题时，既要采取刚毅、坚定的态度，又要采取柔和、灵活的手段；既要给予学生足够的关爱和呵护，又要严格要求学生的行为和学业表现。"爱"仅仅是"师爱"内涵的一半，另一半则是"严"。没有严就谈不上真正的爱，因为爱必须严。对待学生，在"严"和"宽"之间，每个教师都需要找到一个平衡。"严"和"宽"的统一，是爱。只要有爱，就一定能在教学中找到一种合适的与学生相处的方法；只要真心实意地爱学生，教师也能得到学生的爱戴。

(四)塑造自由与民主的灵魂

教育的目的在于点燃学生心灵的火花，而非用知识简单填充学生的大脑。爱是充满自由精神的教育，教育不仅是教师传授知识，更是激发学生智慧和创造力的过程。教师宽容和严格之间的张力，能够培养学生自由与民主的精神。教师严格要求学生，不仅不是对学生自由表达的扼杀，反而是为了帮助他们更好地探索和发现自己的潜力，在更深层次上促进自由精神的形成。教师宽容学生的错误，允许学生采用多样化的表达方式，是在保护他们的想象力，塑造民主的风气。

教师实施宽严并济的教育方式，既给予学生足够的自由和空间，又设定明确的行为准则和期望，能够教会学生如何在规则中自由思考，如何在约束中独立成长，最终成为既有纪律又充满创造力，既尊重规则又追求自由的人。

一方面，宽容与教师的民主密切相关。宽容从表面上看，似乎是对学生的忍让和妥协，但在本质上，宽容是一种以退为进的教育智慧。宽容有助于学生在成长过程中形成独立的人格，具备独立思考、承担责任等能力。正如陶行知所言："教育者要像爱迪生母亲那样宽容爱迪生，在爱迪生被开除回家的时候，把地下室让给他去做实验。我们也要像利波老板宽容法拉第那样，法拉第在利波的铺子里做徒弟，订书订得最慢，但是利波了解他是一面订书一面读书，终于让法拉第在电学上造成辉煌的功绩。"[1]作为教师，应该有足够的耐心面对每一位学生，用宽容的眼光看待他们。教师的民主体现在课堂上，当课堂充满了宽容的气氛，学生的学习兴趣、探索精神才能得以提升，才有可能涌现出许多爱迪生、法拉第的身影。

另一方面，严格与教师对学生的期待密切相关。教师对待学生的态度和关系要"宽"，对待是非问题要"严"。严格是教育者对待教育事业和学生发展的不放松、不懈怠、不妥协、不退让的原则坚守。教师对学生的严格要求实际是对规则的尊重，主要表现为两类，即解释既定的社会规则对每个人的必要性、与学生共同协商制定班级规则。对于既定的社会规则，教师需要向学生阐述社会运行的基本规律，严格要求学生遵守

---

[1] 《陶行知文集》，33页，太原，山西教育出版社，2021。

这些规定；在班级内部，教师不应当单方面设定规则，而是需要联合学生开展民主协商，共同制定规则，这会让学生学会自我管理与自我约束，这些恰恰是自由的基石。自由并非无序，而是个人在规则中的自我决定和行动。

　　总之，作为教师，承担着教育的使命，对学生不成熟的乃至错误的思想认识负有引导的责任。但是，学生的不成熟乃至错误也表明他处于成长的过程中，往往包含着求新求异的可贵因素，如果一味扼杀便很可能掐断了创造的萌芽。无论是严格还是宽容，教师对待学生的前提都是关注学生的学习需要、社交需要、尊重需要和自我实现需要，允许学生自由表达，通过与学生平等对话，而不是居高临下的训斥，以富有真理性的思想去影响学生的心灵。

第四章

——

仁爱之心的传承与丰富

　　仁爱之心，作为人类最珍贵的道德情感，具有不可估量的现实意义和实践价值。教育家作为人类文明的传承者和引领者，他们的仁爱精神更是经历了时间的洗礼和岁月的考验。他们不仅在学术上有着卓越的成就，更在人格魅力上展现出了人间大爱、无私奉献的崇高风范。他们用自己的言行诠释了仁爱的真谛，为后辈树立了宝贵的榜样。

　　在本章中，我们将共同品味仁爱之心的现实意义与实践价值。我们将回忆三位教育家仁爱思想的传承与延伸经历，体会顾明远如何强调"没有爱就没有教育"，理解叶澜"做有生命自觉的教育"，探寻裴娣娜"读懂学科、读懂教师和读懂学生"的教育主张。在具体的教育实践中，霍懋征、于漪、张桂梅更是将仁爱之心付诸行动，以身作则，用爱心和耐心去感染每一个学生，引导他们走向正确的人生道路。他们共同表达了仁爱不仅仅是一种道德情感，更是一种积极的人生态度和教育价值观。通过深入挖掘仁爱之心的传承和实践，我们可以更好地理解和把握仁爱的本质，从而在实际生活中更好地践行仁爱，创造美好的明天。

第一节　仁爱思想的传承与延伸

古往今来，不论中国还是世界其他各国，仁爱都是人们倡导和崇奉的重要道德原则。仁爱思想具有非常丰富的内涵，在不同的时期有着不同的诠释。然而，无论形式如何多样、时代怎样变迁，爱都是浇灌成长的阳光雨露，堪称教育的灵魂。本节我们将走进顾明远、叶澜和裴娣娜三位先生，体会那种既基于情感又弘扬德行，既怀抱理想又立足现实，既关注理论又联系实践的源于教育责任、超越个人利益的大爱。

一、顾明远：没有爱就没有教育

顾明远是当之无愧的人民教育家，他教育思想的出发点和归宿就是对学生的挚爱。这种爱是建立在对学生充分尊重、理解和信任的基础之上，是一种真诚的、无私的爱，也是一种理性的、科学的爱。他不仅尊重学生的主体地位，更尊重学生的个体尊严，关注学生人格的完满。顾明远把教书育人视为自己的天职，把爱洒向每一个学生。他强调，"没有爱就没有教育"。这种爱是生命之爱、灵魂之爱，是对教育事业的深切关怀。

(一)顾明远仁爱教育思想寻踪

顾明远的仁爱教育思想并不是凭空生成的，而是有着深厚的思想资源的，是在继承国内外著名学者和杰出教育家的优秀教育思想的基础上，结合自身长期的教育实践不断发展而来的。

1948 年顾明远在上海私立荣海小学担任五年级的语文与算术老师，这段工作经历让他感受到了身为人师的乐趣，加之中学时代受到几位好老师的影响，次年他便报考了北京师范大学，立志从事教育事业。1951 年，顾明远由国家公派前往苏联留学，出发前夕周恩来总理的鼓励坚定了顾明远教育报国的决心。1956 年，顾明远学成归国后一直在教育领域工作。他先后当过小学教师、中学教师、大学教授及大学校长，他坚信数十年的基层教育实践是其教育思想的源头活水。初入教育行业的顾明远在北京师范大学附属中学当教导主任，一天清晨，他发现会议室里睡着一位女学生，此后一连几天都睡在这里。经过调查了解才知道，由于种种原因，她感受不到家庭温暖，拒绝回家。顾明远尝试与女学生的家长沟通，却差点被扣上了"没有阶级观点的母爱教育"的帽子。但这并不影响顾明远对这一问题的思考，反而坚定了他"没有爱就没有教育"的教育理念。[①]

在谈到鲁迅对自己的影响时，顾明远认为鲁迅的作品中充满了对儿童的爱[②]，他称鲁迅不仅仅是一位具有家国情怀的"精神界战士"、一位充满

---

① 李敏谊：《顾明远教育口述史》，37～39 页，北京，北京师范大学出版社，2007。
② 鲁迅：《鲁迅作品里的教育》，2 页，福州，福建教育出版社，2013。

温情的园丁，更是"名副其实的教育家"，他将鲁迅的教育理念归结为"立人为本、尊重个性、让儿童活泼自由发展"。鲁迅面对儿童总是充满关爱，儿童在鲁迅心中占有无比重要的位置。① 鲁迅提出教育应以"幼者为本位"的教育理念，认为亲子关系应当是源于自然真情，而不是虚伪的封建孝道，这和我们现在提倡的"儿童第一""儿童本位"观念相一致，就是要遵循儿童的天性，顺势而教。②

　　顾明远非常认同苏联教育家苏霍姆林斯基的教育理念和美国传奇教师雷夫所强调的"信任是巨大的教育力量"的观点。苏霍姆林斯基的教育理念深刻影响着顾明远对教育的思考，他的教育思想中的很多观点都是和苏霍姆林斯基的教育观点相契合的。顾明远认为，苏霍姆林斯基教育思想经久不衰的原因就是他热爱孩子、懂得孩子、研究教育、懂得教育的规律，他懂得儿童的心，能够用自己的满腔热情换得儿童的信任。③ 苏霍姆林斯基的学说与我国当前强调促进学生全面发展和个性发展的教育观念也遥相呼应，与我们要培养和谐的人的教育思想也是相符的。苏霍姆林斯基提出"把心灵献给孩子"，这也是每一位教育者所追求的。④ 顾明远看完《第56号教室的故事——雷夫老师中国讲演录》后总结道，雷夫的理念主要有两

① 鲁迅：《鲁迅作品里的教育》，7页，福州，福建教育出版社，2013。

② 顾明远：《鲁迅"立人"思想的现实意义》，载《北京师范大学学报（社会科学版）》，2016(5)。

③ 顾明远：《再谈苏霍姆林斯基教育思想在中国的传播及其现实意义——办好每一所学校，教好每一个学生》，载《比较教育研究》，2010(3)。

④ 顾明远：《泥土集：顾明远教育论文和随笔》，149页，北京，教育科学出版社，2020。

点：一是相信学生，二是组织活动。"相信学生"与顾明远一直倡导的"没有爱就没有教育"高度一致，"组织活动"既唤起了顾明远在南菁中学和苏联徒步时的美好记忆，也促使他开始总结自己初为人师时的经验教训。长期的一线教学经历使顾先生发现光对学生批评说教不仅没有效果，有时还适得其反。

诸多杰出教育家的影响，加上多年一线的观察思考，使顾明远提出了在教师队伍中广为传颂的教育箴言："没有爱就没有教育，没有兴趣就没有学习，教书育人在细微处，学生成长在活动中。"[①]这句话的核心是教书育人、求真育人。这是立德树人的信条，也是顾明远仁爱教育思想的核心。

(二)乐教爱生，以爱育爱

顾明远提出的"爱的教育"中的"爱"是一种"大爱"。这种"大爱"不仅包含对教育事业的爱、对学生的爱，也包含对教师的爱和对他人的爱。这种爱体现在爱的全面性和爱的无私性。爱的全面性指的是教师要面向全体学生，要热爱每一个学生，相信每一个学生。爱的无私性则指教师对教育事业的爱，对学生的爱，不同于父母对子女的爱，这种爱体现了对人类的爱，对民族的爱，对未来的爱，是不求回报的无私的爱。[②]

1. 对学生真挚的爱

没有爱就没有教育。顾明远认为，"爱"是要尊重与相信学生——尊重

---

① 傅京：《追寻教育的梦想》，135 页，芜湖，安徽师范大学出版社，2021。

② 顾明远：《敬业爱生 严谨笃学——纪念第 23 个教师节》，载《中国教育学刊》，2007（9）。

学生的基础、需要和人格。教师要热爱每一个学生，但教师的爱不同于家长的爱，不是小爱而是大爱。首先，教师的"爱"是要尊重学生。尊重学生的人格，不要将学生分成三六九等，只有尊重学生，学生才会尊重教师。好教师总是用放大镜去发现学生的亮点，而不是用显微镜去寻找学生的缺点。① 其次，教师的"爱"是要相信学生的善意和潜能。儿童也有被欣赏的需要，也有自我价值实现的需要。教师要善于倾听，了解学生的需要和感情。尊重、沟通、信任、帮助才是真正的爱。最后，信任是巨大的教育力量。教师要信任学生，学生才会信任教师，这是沟通的前提。学生其实不讨厌对自己要求严苛的教师，但最讨厌对待学生不公平、讽刺挖苦学生的教师。顾明远总结教师工作存在的问题有，"教师不会教，尤其是不会教学生做人。教师不理解学生，不能和学生沟通，不能解决学生需要解决的问题；师生关系紧张，教学引起不了学生学习兴趣；更有甚者，有的教师歧视学生，用语言伤害学生，甚至体罚学生。"②顾明远特别反对教师讽刺挖苦学生。

没有兴趣就没有学习。顾明远强调如何激发和调动学生的学习兴趣是教师需要认认真真思考的问题。兴趣从何而来？顾明远认为兴趣来自两个方面。一是儿童的天性。儿童生来就有好奇心，对外部世界充满了新鲜感。二是活动。③ 学生天生都有好奇心，接触到外部事物总会感觉到很新

① 顾明远：《既做经师 更做人师》，载《北京师范大学学报（社会科学版）》，2015(1)。

② 顾明远：《改革教师教育的 10 点建议》，载《中国高等教育》，2004(9)。

③ 滕珺、韩思阳：《顾明远：春风化雨，永葆童心的大先生》，载《中国社会科学报》，2022-09-28。

鲜，这种好奇心驱动他们去模仿和学习。教师要学会观察，抓住这样的学习契机。针对之前的教育教学不强调学生的主体性和积极性，也不够重视培养学生的独立思考和创造能力的情况，顾明远在 1981 年首次提出"学生主体说"，强调既要把学生看作教育的对象，又要把学生看作教育的主体。二者并不矛盾，在教育过程中，学生是教育的对象，教师遵照教育方针，有目的、有计划地对学生施加影响。但要让教育有成效，让学生生动活泼地、主动地得到发展，就必须充分发挥他们的主观能动性，使他们真正成为学习的主人。具体到教育实践中，教师和家长要放弃用强迫的手段促使学生学习，要培养学生的兴趣，不给学生心理压力，让学生有空余的时间思考问题，让学生学习他们喜爱的课程和课外活动。给学生提供适合的教育才是最好的教育、最公平的教育，把选择权还给学生，让他们选择喜欢的东西。

教书育人在细微处。顾明远曾讲述过一个故事，苏霍姆林斯基曾为了培养学生的阅读兴趣，每次给学生讲到精彩情节时，就借故离开，让学生自己往下阅读，这样就能关注到学生的很多学习和生活细节。[①] 顾明远常常讲，教育是一项细致入微的工作，必须从大处着眼、小处入手，要"看见孩子"，用心用爱去思考细节，让每一个学生在活动中创造性地长大。顾明远特别强调，对待学生要像对待水仙花的嫩芽一样，小心谨慎，不能碰伤他。他一再强调教师应该关心每一个学生，关注每一个学生的一举一

---

① 顾明远、滕珺、韩思阳：《上好每一堂课 教好每一个学生——顾明远先生教师教育思想专访》，载《教师教育学报》，2021(2)。

动，真正看见每个学生的变化，尽量了解学生表现背后的原因，并加以不同的引导和培养。顾明远常常举例：为什么儿童出门总要家长抱？因为儿童希望看到更高、更远的世界；为什么有的儿童不愿意去幼儿园？可能是幼儿园教师一个不经意的动作或不经意的眼神伤害了儿童幼小的心灵。因此，父母也好，教师也好，要注意呵护儿童，及时了解他们的想法。顾明远鼓励教师蹲下来与学生说话，鼓励教师从小培养学生的自信心、自尊心和自强心。由此可见，"教书育人在细微处"作为一种教育策略，其实本质上还是要认可"没有爱就没有教育"的价值选择，认可和理解什么是教育中真正的"爱"。当然，"教书育人在细微处"并不只是表面的行为，在顾明远看来，培养人是一项十分精细深入的工程，需要在教育内容（课程）、培养方式（方法）上下功夫，不能追求表面的热闹。所以顾明远特别强调课堂教学的重要性，当他到教学一线听课时格外关注教师是否留意到每一个学生，是否注意在言语上给予学生鼓励，以及是否能够激发学生的兴趣和引导学生深度思考。

学生成长在活动中。顾明远指出，"要为学生创造一种条件和环境，使他们自己在矛盾中决策，那样获得的观念才巩固，才会变成他自己的坚定信念。特别是在学生犯了错误的时候，不能光靠单纯的说教，而是要给学生组织一些活动，使他在活动中用自身的力量去克服自己的缺点和错误"[①]。因为学生的成长并不单单是依靠教师的言行说教，更重要的是依靠自己的活动。外在的教育影响只是儿童成长的条件，而成长的决定因素是

---

① 顾明远：《我的教育探索：顾明远教育论文选》，50 页，北京，教育科学出版社，1998。

儿童自己的活动及自己的体验。这种"活动"包括他们学习知识，以及在参与的活动中主动学习。在活动过程中，学生能够体验到与他人、与社会的关系，思想品格得到锻炼，责任感、沟通能力、合作精神、诚信品质都能得到培养。因此，顾明远鼓励学校大力开展课外活动，吸引学生参加各种有益于身心健康的文体活动，使学生在这些活动中充分发挥自己的特长和聪明才智，增长知识，增强体质，了解祖国，认识世界。同时，顾明远也强调"学生活动"并非仅指学生的肢体动作，学生的思维活动也同样重要，教师应该通过精辟的讲解启发学生的积极思维。

2. 对教师深切的爱

除了对学生的爱，顾明远还非常关心广大的人民教师。顾明远在 19 岁当小学教师时，天真活泼的学生给他留下了深刻印象，使他深深爱上了教育工作。他开始认真思考教育的各种问题，提高教师地位就是其中之一。他一直呼吁社会尊师重教，为推动教师专业发展献言献策，鲐背之年依然深入全国各地的学校，为一线教师传经送宝。基于多年实践和深度思考，顾明远特别强调教师的专业性和专业发展，这也是他对广大教师的殷切期望。

顾明远对教师专业性的思考源于改革开放初期我国教育事业发展面临的现实困境。他发出"必须使教师职业具有不可替代性"的呼吁。他理性地认识到："任何一项职业，越具有很强的不可替代的职业性，它的社会地位才越高。"①因此，顾明远一再强调，要提高教师的社会地位，根本上是

---

① 滕珺：《教师的专业性与学生的主体性——顾明远"现代学校师生关系"思想述评》，载《教师教育研究》，2018(5)。

要提高教师队伍的素质，使之成为一支训练有素的、不可替代的专业队伍。

顾明远认为，教师的专业角色是由教师职业的特性所决定的。"教师不是一般谋生的职业，是培养人的心灵的职业，是关系到儿童的成长、家庭的幸福、民族的未来的事业。"①教师的职业不同于其他职业，教师职业的对象是青少年，教师不是用什么劳动工具去塑造产品，而是要用自己的心灵、自己的高尚品质去塑造一代新人，用自己的人格去影响学生。顾明远反对把教师比作"红烛"，不认同"照亮了别人，毁灭了自己"的隐喻。他认为教师在"敬业爱生"，照亮别人的时候，也照亮了自己，教师的人生价值就体现在把青少年培养成才上。看到自己的学生一个一个成才，教师会有一种成就感；受到社会的尊重，教师会有一种荣誉感，这也是教师人生价值的体现。

在此基础上，顾明远提出了教师职业发展的三重境界。第一重境界是对教育、对教师职业的认识。教师要认识自身职业的重要性，要像苏霍姆林斯基说的那样"把心灵献给孩子"。教师有了这样的认识、这样的信念，才能不断成长。第二重境界是修炼。教师要不断学习、努力钻研，不断反思自己的教育行为，总结经验教训，提升教书育人的专业水平和职业素养。第三重境界是收获。教师的成长和学生的成长是同步的。教师在教育教学中帮助学生成长，自己也就成长起来。当看到学生成才时，教师的成

① 顾明远：《中国教育路在何方：顾明远教育漫谈》，123 页，北京，人民教育出版社，2016。

就感会油然而生，感到无比的满足与幸福。在三重境界的基础上，顾明远又提出了教师的"五项修炼"。这五项修炼分别是"意愿、锤炼、学习、创新、收获"①，只有持续学习、不断修炼的教师才能真切地感受到教师职业的幸福及魅力。

(三)坚守学生立场，寻找教育最美的样态

鲜明的学生立场是顾明远教育思想的重要基石，也是顾明远仁爱之心和家国情怀的具体表达。顾明远勇于探索、乐于奉献，长期深入教育教学改革一线，既为新时代教育改革发展探路，更为中国教育进步注入活力，生动地诠释了当代教育家的最美样态。

第一，顾明远的教育思想为我国基础教育改革的不断深化提供了丰厚的理论土壤。在顾明远看来，教育的本质就是培养人，让每一个个体都能得到充分的发展。通过促进人的发展，教育也促进着国家的发展和社会的进步，但国家的发展和社会的进步最终仍然是为了"人"的福祉，即为了"人"本身的发展和进步。正是基于这样一个质朴而深刻的认识，顾明远把"人"放在其教育思想的中心地位，逐步形成了一条贯穿其教育思想体系的"以人为本"的基本线索。顾明远所倡导的"凸显学生主体地位"就是贯彻"以人为本"思想理念的直接体现，这也成为中国教育改革的理念导向。

第二，顾明远的教育思想推动着主体教育实验在中国的蓬勃开展。"学生主体说"是顾明远教育思想的重要标志，也是顾明远谈及师生关系的

---

① 高宏群：《教学智慧 200 则》，151 页，郑州，大象出版社，2019。

重要主张。它不仅在学界产生了重要的影响，衍生出北京师范大学裴娣娜教授的"主体教育"理论，更在实践领域掀起了一场教育改革实验，如北京市第一师范学校附属小学的"愉快教育"实验、南京市琅琊路小学"三个小主人"培养目标、安阳市人民大道小学的"主体教育"实验等。裴娣娜回忆道："顾明远先生在 20 世纪 80 年代提出'学生是主体'的重要论断。1992年启动的主体教育实验，就是坚持以学生为主体，让学生在活动中成长。"如今"学生主体说"已成为中国教育理论和实践的前提共识，成为中国教育改革和发展的基本趋势。

第三，顾明远一直倡导一种积极的、正确的教育价值观——从教育的本体性、现代性、前瞻性的角度体现价值关怀。他坚持与反教育行为作斗争，并对现实中一些错误教育价值观提出批评。他一针见血地指出："目前的问题是，许多学校和家长的教育价值取向偏离了核心教育价值观，个人主义、功利主义以及经济主义等教育价值观占了上风，结果受伤害的首先是受教育者。长远来说，社会的进步、民族的振兴以及人类的和平与发展也会受到消极的影响。"教育功利主义使教育工作违背儿童身心发展规律、急于求成、追求短期利益；教育工具主义又把教育和儿童当成满足外在目的的工具，看不到或者忽视教育的人文性。

顾明远有真挚的童心，更有博爱的禅心，他用自己的一言一行践行着自身的人生信条：像松树一样做人，坚挺不拔；像小草一样学习，随处生根；像大海那样待人，容纳百川；像细雨那样做事，润物无声。

二、叶澜：做有生命自觉的教育

叶澜是中国著名的教育家，生于上海市，祖籍福建省南安市。1962年，叶澜毕业于华东师范大学教育系本科，留校任教几十余年，现任华东师范大学教育学终身教授。她的主要研究领域有教育学原理、教育研究方法论、当代中国基础教育、教师教育改革等。她开创和引领"新基础教育"的理论与实践研究，核心在于关爱学生的生命，让学生做自己生命的主人，从而激发课堂的活力。叶澜创建的"生命·实践"教育学派在海内外产生了广泛的影响。

(一)将生命之爱融于教育，建立扎根中国的教育理论

在教育理想的号召和生命之爱的启发下，叶澜终身致力于建立扎根于中国、应用于中国的新的教育理论。2001年年初，叶澜发表了《世纪初中国教育理论发展的断想》一文。在该文中，叶澜得出结论：中国教育学在21世纪面临的基本问题是存在"两个依赖"：一是依赖其他学科，是教育学的独立性问题；二是依赖外国理论，是中国理论界的独立性问题。[①] 叶澜呼吁建立独立的教育理论，使之不再依赖于统计学等其他学科的理论。同时，叶澜在文中指出，中国的理论深受西方影响，存在"娘胎里的记号"，

---

① 叶澜：《世纪初中国教育理论发展的断想》，载《华东师范大学学报(教育科学版)》，2001(1)。

造成了一种"理论想发展就从国外搬"的学术心态。叶澜长久以来的志向就是建立属于中国的原创教育理论。在世纪交替之时,叶澜呼吁"中国的教育理论需要又一次重建式的再生",而"中国教育研究的原创性至少是由问题的原发性、研究素材的原始性、结论的独特性和创新性等要素综合构成"①。在这一志向的推动之下,叶澜最终建立了富有独创性且扎根于中国的"生命·实践"教育学派。这一理论学派的建立依托于叶澜长久扎根于基层的丰富实践经验。

叶澜相信,只有投以切实的关切和爱,走入真实的实践之中,才可能寻找到扎根于中国的教育理论。叶澜在一次采访当中,分享了对其理论构建影响很大的两次实践经历。第一次实践发生在 20 世纪 80 年代,是一场持续了两年之久的学术调研。这次实践源于上海市普陀区中朱学区的一次非常成功的教育改革。这一学区位于老旧棚户区内,过去教育质量很差,但在 10 年间发展成了一个教学质量和学风均十分优秀的学区。在本次调研中,叶澜发现,这一学区成功的秘密就在于有所侧重的教师培训。这个教师培训的关键就是"将薄弱点当作突破点":先抓成绩最差的学科,在取得成功后教师和学生就拥有了信心;在信心建立的基础上再把其他学科的成绩也提上去。在此次研究的基础上,叶澜写成了《走出低谷》一书。叶澜提到这件事时感叹,"不到一线去,就抓不到这些'活鱼'"。

叶澜认识到,只有允许学生在课堂中自觉地学习,才能使课堂真正地

---

① 伍红林、侯怀银:《理论基石:叶澜教育思想的概念生成研究》,153 页,北京,人民教育出版社,2022。

焕发活力，这是一种对学生生命的尊重与爱护。第二次实践发生在 1990年，叶澜受到一位小学校长的启发，申报了"基础教育与学生自我教育能力发展"这一研究课题，期望中国的基础教育"不仅要走出低谷，还要走向高峰"。但是这个试验开展得并不算顺利。最终坚持参与试验的只有一位小学三年级的语文老师——周老师。叶澜回忆说："我们当时没有经验，但是有一个基本原则——老师必须放手，让更多孩子积极参与课堂教学。"叶澜给周老师计算上课时间，发现"一堂 40 分钟的语文课，有 35 分钟都是老师在讲"。叶澜老师向周老师指出了这一点，跟周老师说："你要让每个孩子在课堂上有他自己学习的时间，哪怕让他们自己读两遍书也好。他们学了以后，你再提问，让他们回答或者进行小组讨论。"在试验的后期，叶澜更是要求周老师一节课最多讲 20 分钟，把其他时间都交给学生。

这场教育实践的很多片段令叶澜记忆犹新，成了构成其新理论的个个部分。在试验开始的第一周，叶澜鼓励学生在不和周老师商量的前提下自己开展一次班会，结果学生"圆满地完成了任务"。第二周，学生更是主动向周老师要求以后所有的班会都由自己组织。结果学生不仅顺利承包了班会活动，还参与起大多数的班级工作。叶澜更进一步建议在课堂组织形式上做出创新：为语文学得比较好的同学提供特殊"待遇"——可以在图书馆上语文课。这样一来，一星期的五节语文课就成了三节教室中的课与两节图书馆中的自主学习。

叶澜总结，自己的试验简单来说秉持着一个主导思想，要让学生积极地投入，要开展互动，要真正发挥学生的潜力，达到让学生主动学习的目的。从最终结果来看，三年后，周老师的班级平均考试成绩达到全年级第一，而且班级各层级的成绩分布也更为均衡。

教育是塑造和启迪生命的需要事业，教师就是这一重要事业的重要负责人。这两场实践的核心就是对学生生命的尊重与关爱。两次实践既有"走出低谷"，也有"走向高峰"，打开了叶澜的视野，为理论创建提供了素材。在浓厚的身为教育人的使命的感召之下，叶澜最终建立了一个源于中国实践、符合中国教育规律的理论学派——"生命·实践"学派。这一理论学派在当代中国教育界产生了广泛的影响。

（二）教师和学生对彼此生命的尊重与关爱

叶澜的教育思想强调了教育的人文性和实践性。叶澜认为，教育应该以人为本，注重学生的个性发展，而不是单纯地传授知识。叶澜谈到为何将自己的理论命名为"生命·实践"时说道："在我的教育学研究生涯中，最能打动我的两个字是'生命'，最让我感到力量的词是'实践'。"

叶澜主张教育应该是教师和学生两者的"生命的实践"，即教育应该是一种生活方式，是一种对彼此的生命的尊重和关爱。叶澜将自己的"生命·实践"教育学派的核心理论总结为十二条信条。①

信条一到信条三是叶澜对教育总体性质和根本原则的把握，即教育是体现生命关怀的事业。信条一：教育是直面人的生命、通过人的生命、为了人的生命质量的提高而进行的社会实践活动，是以人为本的社会中最体现生命关怀的一种事业。信条二：教育通过"教天地人事，育生命自觉"，

---

① 　叶澜：《"生命·实践"教育的信条》，载《光明日报》，2017-02-21。

实现人的生命质量的提升，体现教育中人文关怀的特质。信条三：教育通过提升人的生命质量，为社会提供各种人才，实现其社会功能。教育是人类和社会的"更新性再生产"活动。社会发展要求实现终身教育，要求"社会教育力"的凝聚与提升。

信条四到信条八是叶澜对学校、教师教学和学生成长的性质与关系的把握，即学校是教育的"生命场"；教师应"化人之生命"；学生应主动发展，"自己活"。信条四：学校是师生开展教育活动的生命场，提升学校的生命质量是学校变革的深层次诉求。信条五：学科教学和综合活动是学校教育特殊性的体现，是师生在学校承担社会责任的具体表现，也是师生学校生活的基础性构成。信条六：教师是从事点化人之生命的教育活动的责任人。没有教师的创造性劳动，就不可能有新的教育世界。教师只有将创造融入自己的教育生命实践，才能体验这一职业内在的尊严与欢乐。信条七：每个人都得自己活，不能由别人代活。学校中的学生处于生命成长的重要时期，具有主动发展的需要与可能。学生是学习活动的主体和责任人，是教学活动复合主体的构成。"育生命自觉"从培养学生的自尊、自信和主动性开始。信条八：用创造学校新生活的理念开展日常教育活动，使师生成为学校生活的主动创造者。教育的意义不只是在未来，它就在当下创造生命成长的、丰富的各项学校活动中。

信条九到信条十二则是叶澜对教育学研究者的期望。叶澜期望，教育学研究应"长善救失""以身立学"。教育学研究者应当有着充分的学科自觉，重视教育学的独立学科地位，并乐于担当，勇于创新，推动"生命·实践"教育学派的进一步研究。

(三)让学生做生命的主人，让课堂绽放生命的活力

　　"生命·实践"教育学派的核心理念是对学生生命的尊重与关爱，其拓展理论的方式必须通过实践。在时代的感召下，叶澜果断地开展了"新基础教育"的实践，这就是对该理论的一次切实的践行。在 1992 年，邓小平南方谈话结束后，叶澜敏锐地意识到，"一个大时代来临了，这将完全改变教育的未来"。她提出，教育应该从过去那种仅仅关注知识的传授和能力的培养，转到提升人的自我意识、培养人的独立性和创造性上来。在《让课堂焕发出生命活力——论中小学教学改革的深化》中，叶澜提出，传统课堂教学观念中的最根本缺陷就是"把复杂、变动不居的课堂教学过程简化为特殊的认识活动，把它从整体的生命活动中抽象、隔离出来"。为了改变这一根本缺陷，应"从更高的层次——生命的层次，用动态生成的观念，重新全面地认识课堂教学，构建新的课堂教学观，它所期望的实践效应就是：让课堂焕发出生命的活力"[1]。

　　教育事业就是有活力、有温度、有精神发展、追求爱的事业。叶澜坚定地相信，"老师完全可以改变课堂教学方式，课堂应该是有滋有味的，是生动的，是在生长的，是一种生命力如大海浪潮般涌动的活的状态"。新基础教育并没有固定的范式，而是取决于教师和学生。叶澜将"新基础教育"的核心目标总结为"四个还给"："把课堂还给学生，让课堂充满生命活力；把班

---

　　[1]　叶澜：《让课堂焕发出生命活力——论中小学教学改革的深化》，载《教育研究》，1997(9)。

级还给学生，让班级充满成长气息；把创造还给教师，让教育充满智慧挑战；把精神发展的主动权还给师生，让学校充满勃勃生机。"①

如今，叶澜的"新基础教育"理念被广泛传播，成为中国教育改革的重要指导思想之一。叶澜的"生命·实践"教育学派将教学视作师生人生中一段重要的生命经历，是一种对生命价值的爱和尊重，其内容丰富、意蕴深刻，已经成长为具有中国立场、中国传统和中国风格的教育学派。

三、裴娣娜：读懂学科、读懂教师、读懂学生

1959 年，裴娣娜进入北京师范大学，开始了理论学习与实践探索相结合的学术历程，这段经历也催生了她在教育实验理论研究方面的敏锐嗅觉。1988 年，裴娣娜赴美访学，逐步形成了"理性思考＋读懂变革性实践"的研究路径。归国后，针对学校教育实践，她于 1992 年开始主持著名的"主体教育实验"，为实现教学尊重学生主体性、促成学生主体教学，在教育实验领域做出了开创性的贡献。

(一)爱是尊重学生的主体性

20 世纪 80 年代，教育学界关于教育主体问题的争论正酣。裴娣娜深知，只有将学界的理论成果转化为培育学生的沃土，才是一名教育学学者洒向每一个学生的爱。为了将理论界探讨的成果运用到教育教学一线的实

---

① 叶澜：《"生命·实践"教育学派——在回归与突破中生成》，载《教育学报》，2013(5)。

践中，同时在实践中促进学生的主体性发展，检验理论成果，1992年，裴娣娜带领团队奔赴河南安阳，在河南安阳人民大道小学率先开展主体教育实验。随后，北京、天津等地小学纷纷加入，成为主体教育实验的第一批实验学校。

对于学生，裴娣娜首先要回答的是何为"主体性"的问题。在实验组成员的描述中，主体性就是"人作为对象性活动的主体所具有的本质特性"①。裴娣娜解释，"主体性关注的是对人自身发展的追求，探讨的是如何使人成为一个现实的人、一个完整的人"②。而在小学阶段，实现主体性就是让学生能够自主学习，不再是教师逼迫着学生来学，真正地让学生成为学习的主人，让学生在学习的过程中成长为一个完整的人。看似艰涩的概念，在实践中有着最朴素、最生动的体现。

为什么主体教育实验要在小学进行？因为"每个学生未来要拥有幸福的人生，要为推动整个社会的发展做出贡献，而他们人生的起步阶段在于小学教育"③。裴娣娜将主体性分解为独立性、主动性和创造性④三个层面，以"严肃严格地进行基本训练""诚心诚意地把小学生当主人"⑤作为这场实验的原则，将小学生的全面发展置于教育教学工作的首位。在小学阶

---

① 北京师范大学教育系、河南安阳人民大道小学联合实验组：《小学生主体性发展实验与指标体系的建立测评研究》，载《教育研究》，1994(12)。

② 裴娣娜：《主体教育理论研究的范畴及基本问题》，载《教育研究》，2004(6)。

③ 裴娣娜：《用课程引爆教育活力》，载《教育家》，2017(48)。

④ 北京师范大学教育系、河南安阳人民大道小学联合实验组：《小学生主体性发展实验与指标体系的建立测评研究》，载《教育研究》，1994(12)。

⑤ 北京师范大学教育系、河南安阳人民大道小学联合实验组：《小学生主体性发展实验与指标体系的建立测评研究》，载《教育研究》，1994(12)。

段，学生主体性能得到发挥，对学生而言是具有终身意义的。

(二)爱是培养教师的专业性

对于教师，裴娣娜认为在主体教育实验中，教师要带着研究问题进行思考和探索，不追求唯一的因果解释，而要追求有特色的办学思路和教育教学措施，符合"教育思想实验"的定位。[①] 裴娣娜认为，要实现"把小学生当主人"，就得让小学生主动参与到课堂教学中来。这样一来，既让学生能够更加深刻、灵活地掌握知识，又使学生通过主动参与，重获学习的主动权，拓展发展空间，挖掘创造潜能和开发创造力。[②] 这就要求教师在教学中把握好三个关系：教师的讲授和学生的接受之间的关系，整体推进和个别化的关系，学生学习中竞争与合作的关系。[③] 教师在主体教学实验中，并非仅仅是高校学者意见的执行者，同时也是实验设计、实施和改进的主导者，"主体教育实验的人人都是实验主体"[④]。

1993 年 9 月，裴娣娜率领其团队在河南、天津、北京等地正式开始了面向小学低年级的实验。主体教育实验遵循其"思想实验"的定位，不打乱学校现有的教材体系和教学秩序，而是通过转变教师教育观念，以"教育

---

① 裴娣娜：《现代教学论》第三卷，28 页，北京，人民教育出版社，2005。

② 裴娣娜：《主体参与的教学策略——主体教育·发展性教学实验室研究报告之一》，载《学科教育》，2000(1)。

③ 裴娣娜：《主体参与的教学策略——主体教育·发展性教学实验室研究报告之一》，载《学科教育》，2000(1)。

④ 郭华：《我们的燃情岁月——纪念主体教育实验 30 周年》，载《中国教师》，2022(6)。

主体"思想为指导，创造性地采用各种教育教学措施和方法，发展小学生的主体性[①]。具体而言，主体教育实验在学校教育中开拓了四条主要实验渠道：德育系列、活动系列、教学模式系列和家庭教育系列。在德育系列中，团队制定《小学生主体性发展大纲及行为表现》，使得德育内容系列化、德育途径网格化、德育评价方法科学化。在活动系列中，学生通过参与课内外、校内外活动，满足了求知、求乐、求发展的需要，得到了创新精神、创造能力和实际工作能力方面的提升。在教学模式系列中，教师设置适合学生主体性发展的教学目标，选择利于学生发展的教学内容，采用启发式教学方法，培养学生自我认识、自我控制、自我调节的能力。在家庭教育系列中，团队改善家庭教育，提高家长在学校教育中的参与能力。[②]除此之外，团队还通过在部分实验班级采用"五·四"学制新教材，优化课程结构，培养教师科研能力等措施，在8个实验校进行了为期4年的正式实验和数据搜集工作。[③] 在主体教育实验中，教师通过革新教学方法、选用教材与设计课程等方式，作为主体教育实验的又一个主体参与实验的所有环节。

　　实验的过程中，研究团队还引进了小组合作学习等崭新的、在传统教

[①]　北京师范大学教育系、河南安阳人民大道小学联合实验组：《小学生主体性发展实验与指标体系的建立测评研究》，载《教育研究》，1994(12)。

[②]　北京师范大学教育系、河南安阳人民大道小学联合实验组：《小学生主体性发展实验与指标体系的建立测评研究》，载《教育研究》，1994(12)。

[③]　裴娣娜：《现代教学论》第三卷，20页，北京，人民教育出版社，2005。

学模式中鲜见的教学形式，将集体教学、小组合作学习和个人辅导相结合。[①] 小组合作学习对于促进学生交流合作，深化学生对于自我、他人和知识的理解，有重要作用。小组合作学习对学生的主体性发展和社会化有着促进作用[②]，契合了主体教育的目的，成为主体教育实验期间所倡导的教学策略之一。随着研究的深入，以及全国范围内新课程改革的全面开展，小组合作学习的学习形式也逐步由一种新兴的教学模式，变为一线教育教学的工作者都耳熟能详的教学方法。小组合作学习作为主体教育实验成果之一，正服务于每一位教师的教学工作，为每一位学生的学习和成长提供新的可能。

事实证明，主体教育实验使小学生的主体性得到了较好的发展，小组合作的教学形式在学校教育系统中被确立下来，也使得教师的教学观念发生了初步的变革。[③] 教师在参与主体教育实验的过程中，发挥了主人翁精神，产生了发现问题、解决问题的积极性和主动性，与高校学者形成了相互信赖、相互合作的研讨氛围。[④] 裴娣娜从理论工作者的角度，在实践中以课程为抓手，帮助教师实现专业提升，在课程领域推动教师专业化，从而实现学生主体性发展。

---

① 裴娣娜：《合作学习的教学策略——发展性教学实验室研究报告之二》，载《学科教育》，2000(2)。

② 裴娣娜：《合作学习的教学策略——发展性教学实验室研究报告之二》，载《学科教育》，2000(2)。

③ 裴娣娜：《现代教学论》第三卷，20页，北京，人民教育出版社，2005。

④ 郭华：《我们的燃情岁月——纪念主体教育实验30周年》，载《中国教师》，2022(6)。

（三）爱是风雨兼程行遍四方

主体教育实验成功的背后是在裴娣娜带领下的课题组成员的昼夜奔波、风雨兼程。在 20 世纪末的中国进行这么一项大规模实验的难度可想而知。课题组成员郭华老师 30 年后回忆道："那时候的裴老师跟我现在的年龄差不多，'知天命'的五十多岁……争分夺秒。在裴老师看来，夺回来的每一秒都可以做更有意义的事情。主体教育实验就是在裴老师风风火火、争分夺秒的工作方式中推进着。"[①]

主体教育实验的主体性，不仅体现在学生的主动学习和成长中，更体现为参与实验的所有成员的主体性，不只是研究者、教师、学生，甚至学生家长都是实验的主体。[②] 主体教育实验进行的场所是真实的教育现场，每一个参与学校教育的成员都有可能对学生的发展产生影响，而主体教育实验正是要探寻真实条件下，什么样的课程、教材、教法、管理方法能够真正地促进学生的学习，促进学生主体性的发展。[③] 裴娣娜所代表的高校工作者在主体教育实验的实践中逐步阐释理论的指导作用，又在实践中逐步深入对理论的认识。教师等一线教育工作者在教育教学中以提升小学生主体性为出发点，革新教学手段，参与课程设计，在促成学生成长

---

①　郭华：《我们的燃情岁月——纪念主体教育实验 30 周年》，载《中国教师》，2022(6)。

②　郭华：《我们的燃情岁月——纪念主体教育实验 30 周年》，载《中国教师》，2022(6)。

③　郭华：《我们的燃情岁月——纪念主体教育实验 30 周年》，载《中国教师》，2022(6)。

的同时，也见证了自身的专业成长。主体教育实验在真实的教育场域中，通过不同教育要素的自主磨合与重新调配，实现了发展学生主体性的目标。

在裴娣娜及其团队的不懈努力下，世纪之交的主体教育实验在北京、河南等地获得了成功，同时也推动了华北平原一带基础教育的迅猛发展。而后，裴娣娜赴浙江、山西，开展全省、全区域性的课程改革与课程重构活动，以课程为抓手推动学校课堂教学生态变化，实现学生全面自主发展。作为教育学的理论学者和实践工作者，裴娣娜耄耋之年仍笔耕不辍，《课程改革的设计及模型建构——浙江省深化普通高中课程改革指要》等书记录着她教育工作历程中的理论与实践经验。裴娣娜还心系偏远地区的教育发展，多年来持续关注四川省阿坝州理县的教育发展先行实验。裴娣娜怀揣着对每一位学生的爱，用学者的力量推动着教育教学改革与发展，足迹遍布全国。裴娣娜对学生的仁爱，融于当今每一位学生受到的教育之中，可谓"大爱藏于心，深情隐于形"。

第二节　仁爱实践的丰富与深化

教育家要有乐教爱生、甘于奉献的仁爱之心。教育是爱的事业，教师是爱的使者。这一节我们将走进霍懋征、于漪和张桂梅老师的故事，了解他们乐教爱生、以爱育爱的动人事迹。

一、霍懋征：把爱献给教育

霍懋征，中国当代著名教育家，1921 年 9 月 18 日出生于山东省济南市的一个教师之家，1943 年毕业于北京师范大学数学系，毕业后留任当时的北京师范大学第二附属小学（即今北京第二实验小学），担任语文、数学教学兼班主任工作。由于工作努力，成绩突出，1956 年被评为全国首批特级教师。作为"爱的教育"的倡导者和实践者，她认为，"有了爱就有了一切"，从爱与尊重出发，去启发和浸润他人的生命。她躬耕于小学教育园地，孜孜不倦、矢志不渝，为国家培养了大批优秀人才，为祖国的教育事业做出了卓越贡献。

（一）爱教育这份事业，爱每位学生

霍懋征 1943 年从北京师范大学毕业后，放弃留校任教的机会，到当时的北京师范大学第二附属小学任教。在当时，社会上流行一句话，叫作"家有三斗粮，不当孩子王"，并且那时全国总共也没有多少大学生，霍懋征这位难得的女大学生却拒绝留在大学工作，再三要求去当一名小学老师。对于这一选择，霍懋征曾这样解释："我特别喜欢孩子，我知道小学是孩子们的启蒙教育，只有把基础打好，万丈高楼才能盖得坚固。所以我坚决要求到小学去做打基础的工作！"从教多年，她有多次机会离开学校，但她始终没有离开过讲台，没有离开小学教师的岗位。在霍懋征的心中，做小学教师是世界上最光荣、最幸福的事。

对"怎样才能成为一个好老师"这个问题，霍懋征回答，首先就是要爱教育这个事业，爱自己的学生，要相信每一个学生都是可以教好的。"很多教师只是把教师当作职业，觉得把课教好就行了，这是不够的。教师必须要想得多一点儿，要想到不管多调皮的孩子，他都会长大成才，会为祖国的明天贡献自己的力量。60 年来我没丢下一个学生，全部成才了。我相信没有教不好的学生。"

霍懋征对学生一视同仁，且把爱更多地倾注在那些基础较差的、淘气的学生及那些贫困的、需要更多帮助的学生身上。学生病了，她带着去看病求医，为学生买药、送饭；学生家庭有困难，她就自己掏钱为学生买午餐；学生踢足球，没有鞋穿，她在比赛前夕为同学送去短裤、球鞋；学生的父母因公调外地工作，她就把孩子接到自己家吃住……

霍懋征曾教过一位名叫何永山的男孩，他是全校有名的"淘气包"，只要他在班上，老师就无法上课，如果有外宾来校参观，学校还得派专人看管着他。学校决定送何永山去工读学校，霍懋征对校长说："把他交给我吧！"霍懋征把何永山领回班里，认真分析这个孩子的长处，帮助他树立自信心。在霍懋征的关心和感召下，何永山渐渐变了，上课不随便说话了，下课不胡闹了，学习也有了很大进步。2004 年春节后的一天，霍懋征突然接到一个电话："娘啊，我的亲娘啊，您答应我一声！我找了您十几年了。"霍懋征吓了一跳，说："请问你贵姓啊？""我姓何。""噢，是小永吧？""是啊，我可找到您了！"原来何永山的工厂早年迁到外地，他回北京后因为霍懋征搬了家，很久没有找到她。他说："您是我的亲娘，没有您就没有我的今天。"第二天他就带着爱人、孩子来看望霍懋征。"所以说，别以为学生才一年级你就不在意，转眼间他们就会长大成人。"①几十年里，霍懋征任班主任的班必然是团结友爱、和谐进取的先进班集体。毕业几十年后，学生还会在霍懋征家聚会，每个学生都能讲出霍懋征爱他们的故事，不少鬓发斑白的学生至今仍把霍懋征比作自己的妈妈。

(二)没有教不好的学生，不让一个学生掉队

"没有教不好的学生，只有不会教的老师。"这是霍懋征的座右铭。多年的小学教师经历，写满了霍懋征的真情付出。既然最初是为了爱孩子而选择在小学从教，那么在从事教育事业的漫长过程中，霍懋征就用自己全部的爱去干，对教育、教学的艺术孜孜以求，将爱付诸实践。从 20 世纪 50 年代起，霍懋征在语文、数学教学中创立了风格独特的"讲读法"，以"讲"为主，以"读"为辅，抓住教学规律的重点、难点部分，从学生实际、教材实际出发逐步进行引导，取得了很好的教学效果。凡是听过霍懋征讲课的领导和同事都给予了很高的评价，有些教育界的老前辈在称誉霍懋征的教学时说，"懋征的教学真是达到了炉火纯青的地步"。此外，霍懋征认识到，任何领域中的任何一种创造，都和基础教育不可分离，尤其是语文教学。语文是基础教育中的一门主课，教材内容十分丰富，每篇课文都能使学生受到教育，在培养学生创新意识、创新精神、创新思维方面有独特

---

① 霍懋征：《没有爱就没有教育》，http：//www.moe.gov.cn/jyb_xwfb/xw_moe_357/83579/moe_70/moe_194/tnull_4929.html，2024-09-02。

的作用，所以在小学语文教学中要进行创新教育，这是霍懋征在语文教学改革中提出的一个崭新的课题。她认为在小学进行创新教育不是以发明创造为主要手段，更不是以此为目的，而是强调在整个教育教学过程中，充分发挥学生的主体作用，开发和发展学生的创新意识、创新精神、创新思维能力，为培养德智体美劳全面发展的具有良好素质的创新型人才打好基础。

(三)心系青年教师成长，牵挂西部地区教育发展

1998 年，霍懋征从教学一线退了下来，但年逾古稀的她依然非常关心青年教师的成长。平日里，她是个闲不住的人，到处去听课、讲课，经常到农村学校为青年教师排忧解难，不辞辛苦地为青年教师培训教学业务，常常一天工作十几小时，培养了大批优秀青年教师。2003 年，"霍懋征教育思想与实践研究"被列为"十五"规划教育部重点课题。当时霍懋征说："我现在全力以赴协助课题组做好这件事。我已经 80 多岁了，这个课题对我是个挑战。目前我正在准备对老师们搞培训，一个一个地教，事先要做细致的准备：什么样的课怎样上，什么样的学生怎样教，为什么我从教 60 年一个学生都没丢下，等等。我愿意把我的体会赶快告诉老师们，不能等待了。"

祖国西部的教师和学生是霍懋征心头的牵挂。为了支持西部教育发展，七八十岁时，霍懋征仍壮心不已，整天忙着为西部学校送教上门。她多次到西部地区为教师们传经送宝，介绍先进的教育思想和教育方法，交流教育教学经验，传递最新的教改信息，宣传高尚的师德典范。她为农村

学生编著了全国第一套农村小学语文教材，把多年积累的教育教学经验毫无保留地奉献给西部教育事业。中央领导去看望她时，她指着墙上一张自己70多岁骑着牦牛去四川山区讲课的照片，自豪地说："人生七十古来稀，我骑上牦牛就十七！"

(四)永垂青史：把爱心献给教育的人

霍懋征是教育战线上的一面旗帜，是教师的楷模，是一代师表。霍懋征受到了周恩来、温家宝等历届党和国家领导人的接见，周总理称她为"国宝老师"，温总理称她是"把爱心献给教育的人"。霍懋征曾无限深情地说："我一生从教的体会，那就是六个字：光荣、艰巨、幸福。"

在多年的教育生涯中，霍懋征认真贯彻党的教育方针，忠诚于人民的教育事业，爱岗敬业，勤奋耕耘，无私奉献，开拓创新，为我国的基础教育事业改革发展贡献了毕生精力。霍懋征是把爱心献给教育的人，是德高望重的教育大家，她的崇高师德精神、先进教育思想和成功教改经验是我国教育事业的宝贵财富。

二、于漪：怀仁爱之心，行仁爱之道

她荣获了众多荣誉：上海市中小学优秀校长、上海市优秀教育工作者、全国三八红旗手、全国先进工作者。她曾任上海市教师学研究会会长、全国中学语文教学研究会副理事长等。然而，她内心深处最为珍视的是那声源自学生内心的真挚呼唤——"于老师"。她，就是我国著名教育家——于漪。

（一）以爱教文，以爱育人

1951 年的夏天，22 岁的于漪从复旦大学教育系毕业，初入教坛。初为人师的道路并非坦途，工作之中步履维艰，又突遭大病侵袭，身体与精神的打击接踵而至，但于漪并未因此颓丧，她坚定信念并鼓励自己，无论遭遇何种困境与挫折，都不能让精神崩溃。她深知，只要尚存一线希望，便需竭尽全力，一步步向前。凭借着那份坚忍不拔的执着与信念，几年后，于漪踏上了语文教师的神圣讲台。她深知语文学科不仅承载着传授知识的重任，更是塑造学生品格、培育学生能力的关键所在。于是，她开始围绕语文学科的性质与教学法展开深入探索，逐渐总结出以"教文育人"为核心的教育教学思想。

在教学过程中，于漪始终胸怀一颗仁爱之心，不仅尊重学生，而且珍爱学生。一次，在上《变色龙》的公开课上，于漪在黑板上画了一条曲线，以此梳理小说主人公奥楚蔑洛夫的心理变化过程。一位女同学举手表示有不同意见，于漪就请她讲。女同学说："我认为波峰不应处在同一个水平面，他感情的波动是有起伏的，但板书对奥楚蔑洛夫的感情变化没能表现出来，我认为这样不是最恰当的。"于漪感到既意外又欣喜，鼓励她说："好，你来画，你用红笔在我的基础上改。"女同学在黑板上用红粉笔改线条。如此一来，波峰和波谷之间的距离越来越大，显示出主人公心理波动幅度越来越大。于漪夸奖学生："对这个问题的理解你比我深刻！"课后，有听课的教师感叹于漪不但不怕学生质疑自己，还热情赞扬，这种尊重学生的胸襟实在了不起！①

(二)让生命与使命结伴同行

2001年是于漪执教50周年，她在纪念活动中做了题为"让生命与使命结伴同行"的发言。谈及个人的职业历程，于漪深情地感叹道："做了一辈子教师，一辈子学做教师。"这句话，凝聚了她对教师职业的深厚情感与不懈追求。她热爱教师这个职业，将其视为生命的全部，一辈子扎根于教坛，用智慧与汗水书写着教育的华章。

于漪初入教坛时教历史学科，后因工作需要改教语文学科。这对于当时的于漪而言，无疑是一个巨大的挑战。为了打好自己的语文基础。于漪制订了详细的学习计划，从语音、语法、修辞、逻辑到中外文学史，逐项进行补课。然而，即便付出了如此多的努力，于漪在刚开始教语文时，还是遭遇了一些挫折。一次，前辈教师听她的课后点评道："语文教学的大门在哪儿，你还不知道！"这句话像一把利箭，深深刺痛了于漪的心。她意识到，自己在语文教学上还有很多不足之处，需要更加努力才能弥补这些缺陷。

从生活的艰难中走过来的于漪，深知压力的沉重，但她却选择将这些外在的压力转化为内在的驱动力，以此激励自己不断前行。她明白，唯有不断提升自己的语文素养，才能在语文教学的领域中赢得发言权。因此，她广泛涉猎古典和近现代文学作品，丰富自己的内心世界。无论是古代的

---

① 董少校：《人民教育家于漪：生命与使命同行》，载《中国基础教育》，2022(9)。

经典诗词，还是近现代的文学作品，她都广泛涉猎，力求深入理解其中的精髓。这种对文学的热爱和追求，不仅提升了她的个人素养，也为她的语文教学提供了源源不断的灵感和素材。除了广泛阅读外，于漪还非常注重备课和改作文。她深知，教师对教材的理解程度直接关系到教学的质量。因此，她不惜花费大量的时间和精力去钻研每一篇课文。

即使在家中洗衣、择菜时，于漪的思绪也经常回到课堂上。这种对教育的深深热爱与执着追求，让她的生活充满了教育的气息。从家到学校的路上，于漪会默默地在心中"放映"已经备好的教案。她仔细思考每一个教学环节，推敲每一个教学细节。为了学生，为了课堂，于漪倾尽全力，激发自身所有的潜能。她深入研究教材，不断更新教学理念和方法。她用心去了解每一个学生，关注他们的成长和进步，用爱和智慧引导他们走向知识的殿堂。

(三)点燃家国情怀，奉献仁爱之心

退休后的于漪，并未选择安逸的退休生活，而是依然心系教育的发展大计。她深知，教育是国家之根本，关乎民族的未来与希望。因此，即便已步入晚年，她依然保持着对教育事业的热情与关注，不断思考着如何推动中国教育的进步与发展。在于漪看来，中国的教育应该具有自己的特色。她认为，中国的教育应该根植于本国的文化土壤，汲取中华文明的精髓，培养出具有中国精神、中国气质的人才。因此，她强调教师在学科专业领域要多一点教育自信，尤其是在基础教育阶段，更应该注重传承中华优秀传统文化，让学生从小就接受具有中国特色的教育。同时，于漪也提

倡在教育实践中多一些中国的话语。她认为，中国的教育实践应该具有自己的话语体系，能够准确、生动地表达中国教育的理念、方法和成果。这样不仅可以增强教育的自信心和自豪感，还可以推动教育创新，为中国教育的未来发展注入新的活力。

在《岁月如歌》中，于漪写道："教师，太阳底下永恒的事业，执着追求的就是学生今日的健康成长，明日的长足发展，引领他们成为堂堂正正有中国心的现代文明人。在学生成长、成人、成才的伟大事业中，有你点燃的家国情怀，有你奉献的仁爱之心，有你浇灌的才、学、识，岁月怎不如歌！人生怎不幸福！"她就像红烛一般燃烧着，用火热的激情参与中国教育改革发展，奉献着仁爱之心，在教师岗位创造育人的伟业！

三、张桂梅：大爱书写学校教育，知识改变女子命运

张桂梅，1957 年 6 月出生，中共党员，云南省丽江华坪女子高级中学党支部书记、校长，华坪县儿童福利院院长。张桂梅从教多年，一直致力于教育事业，她始终把学生放在第一位，关心学生的成长和发展，关注学生的家庭情况，帮助学生解决生活上的困难，让学生感受到温暖和关爱。她用自己的行动诠释了"教育改变命运"的理念。她是改写大山女孩命运的"擎灯人"，她的事迹感动了无数人，成为广大教育工作者的榜样和楷模。张桂梅的付出和努力得到了社会的认可和赞誉，荣获"时代楷模""全国优秀共产党员""全国先进工作者""全国师德标兵""全国最美乡村教师""全国脱贫攻坚楷模""感动中国 2020 年度人物"等荣誉称号。张桂梅是一位出色

的教育实践工作者，她对仁爱思想的实践与传承有着独特的见解。她认为，教育不仅仅是传授知识，更是塑造人生观和价值观的过程，她秉持着仁爱的思想，创办了女子高中，用自身的教育经历诠释了"教育改变命运"的理念。

（一）创办华坪女子高中

1996 年，张桂梅申请调到华坪县的民族中学，她主动承担了毕业班的班主任及两门学科的教学工作，同时负责了全校妇女工作、思想政治教育工作。在民族中学任教期间，为了提高学生的学习成绩，张桂梅坚持每天早晨 6 点半敦促学生上早操，7 点第一个走进教室，晚上 10 点最后一个离开教室。在这段时间里，张桂梅带着 4 个毕业班，被查出患有子宫肌瘤。县里知道了她的情况后，为她发起了捐款，教育局用唯一一辆车送她去医院，学生摘了野核桃送给她，县里有人把本来给孩子买衣服的钱捐给她，还有人借钱捐给她。自此之后，张桂梅对华坪县的情感越发深厚。此后，张桂梅兼任县儿童福利院院长，为保证孩子们的吃穿行住，她四处奔波。这段经历让张桂梅意识到大山女孩的命运需要通过教育来改变。

在张桂梅看来，一个受过教育的女性，可能能阻断不幸命运的代际传递。她决定办一所给大山女孩上的免费高中。她没有资金、只担任过班主任，这个想法在当时的人看来并不成熟，但她铁了心要干。功夫不负有心人，对张桂梅的访谈报道"我有一个梦想"得到广泛传播，引起了各级领导的重视。张桂梅创办女子高中的想法也有了落实的机会。2008 年 4 月，在云南省政府、丽江市政府、华坪县政府的多方帮助下，华坪女子高中正式建立。女子高中首届入学的女孩们大多来自山区，多数没有达到普通高中录取分数线，还有一些孤儿、残疾学生、单亲家庭学生、残疾人员或下岗职工子女。只要是想上学的女孩，女子高中都向她们敞开怀抱。正如张桂梅所说："我把那些姑娘一个个往回捞，哪怕我自己出钱，也一定让她们读书！"

张桂梅为华坪女子高中付出了巨大心血，用实际行动践行爱，诠释"教育改变命运"的理念。张桂梅始终是学校里最早起、最晚睡的"擎灯人"，采用"铁腕"模式抓学习。虽然有些安排对许多人来说显得苛刻，但对于这些山区女孩来说，是她们迈向成功的必经之路。多年来她一直住在学生宿舍，和学生们同吃同住，陪伴学生成长。在张桂梅的带领和全校师生的共同努力之下，华坪女子高中的教学成果丰硕可喜，2011 年第一届毕业生参加高考时，96 名学生中有 69 名的成绩上本科线，一本上线率 4.26％。到了 2020 年，全校 159 名高考生中有 150 名的成绩上本科线，一本线以上考生占总考生数的 44％。这些成绩不仅证明了教育改变命运的力量，也见证了张桂梅对教育事业的无限热爱和执着追求。

(二)教师的天职就是奉献

张桂梅成为教育事业的一面旗帜，把全部身心献给了祖国西南山区的教育和福利事业。她淡泊名利，把获得的"全国优秀共产党员""全国教书育人楷模"等奖状、奖杯、荣誉证书，全部捐给华坪县档案馆；她固守清贫，对自己和亲友"抠门"，吃、穿、住、行、用节俭到了极致，却把奖金、工资和社会各界捐助她治病的 100 多万元全部用在了学校和孩子们身上。即便如此，她认为自己只是为山区女孩教育做了一点事情，尽了一个人民教师的应尽之责。

张桂梅身上充分体现了人民教师以德施教的仁爱之心和至善至美的师者大爱。为了不让一名女孩因贫困失学，张桂梅坚持家访 11 年，遍访山区家庭 1 300 多户，行程十余万千米。她身患多种疾病，其中包括小脑萎缩，经常走路失去平衡，但她仍然翻越一座又一座大山，走到学生家中了解情况。后来县里派车帮助她家访，可几乎到每一个学生家之前都还有一段要步行的小路。她长期拖着病体工作，超量的付出透支了原本羸弱的身体，最终换来女子高中学生的好成绩。张桂梅默默为学生付出，不讲回报。她会请全校学生喝"秋天的第一杯奶茶"，她不允许别人用"贫困"来形容这些女孩，而是称她们为"大山里的女孩"，以维护每一个女孩的自尊心。

为了帮助山区学生，张桂梅捐出了自己的衣物，还用自己的工资为学生购置生活必需品。张桂梅对自己的"抠门"出了名，但对学生却十分慷慨。因为营养跟不上，山里的孩子经常生病。张桂梅就每个月带着学生轮流出去改善生活。她告诉学生："你们这个时候正在长身体，想吃什么就告诉我。"每次学生们都吃得很开心，直到有一天，学生们吃完饭，张桂梅去付账，有学生发现，张老师翻遍了所有的包才凑足了钱。有一次，一个学生没有钱吃饭，她回到宿舍翻箱倒柜地找钱，把仅有的 20 元钱都给了那个学生。从此，那个学生每周都会按时得到张桂梅 30 元的资助，直到他初中毕业。

学生成绩突飞猛进，但张桂梅的身体状况却一落千丈。她的身上贴满了止痛的膏药，平时连爬楼梯都十分艰难。华坪县融媒体中心记者王秀丽是张桂梅相识多年的朋友，她说："她全身都是病，骨瘤、血管瘤、肺气肿……以前她经常让别人猜我俩谁更重，可现在她已经从130多斤掉到了只有七八十斤。"

（三）以爱养爱，播种希望

在那片贫瘠的土地上，张桂梅孜孜不倦地播种教育脱贫、创造美好新生活的希望，并将这一希望撒向云岭山乡。张桂梅给学校定下一则校训："我生来就是高山而非溪流，我欲于群峰之巅俯视平庸的沟壑。我生来就是人杰而非草芥，我站在伟人之肩蔑视卑微的懦夫。"她鼓励女生们要有自信，也要有野心，希望她们"在山沟沟里也能看到外面精彩的世界，看到美好的未来"。她在教书育人岗位上为山区教育事业做出了重要贡献，充分体现了人民教师潜心育人的敬业精神和立德树人的使命担当。

张桂梅把自己比作一条小溪，不畏艰难险阻，只为给沙漠地区的学生带去滋润和希望，"如果我是一条小溪，就要流向沙漠，去滋润一片绿洲"。张桂梅爱学生，并不需要任何回报。张桂梅不仅是一位优秀的教育实践工作者，更是一位充满爱心和责任感的校长。她始终把学生放在心中最高的位置，尽自己最大的努力为学生提供最好的教育资源和条件。

"长大后我就成了你"，张桂梅以爱养爱、无私奉献，为学生播种了希望，很多学生毕业后或成为一名教师，或前往艰苦地区奉献。如果学生辍学，她会反复劝说，为其创造读书的条件。一名女生考上了高中，但因为家庭经济状况不佳，上高中一年后便辍学打工。张桂梅知道了这一情况，四处打听她的下落，最终找到她。看着张桂梅瘦弱无力的样子，这名女生抱着她哭了。张桂梅让她重回学校，此时离高考仅剩 3 个月时间，重拾丢弃两年多的课本，女孩心里没有一点底。张桂梅让她住在自己的宿舍里，安心学习。在张桂梅的鼓励、帮助下，这名女生最终考上了一所师范高等专科学校，毕业后回到华坪县的通达乡中学任教。她说，选择这份工作就是因为张桂梅，她要做一名像张桂梅一样的教师。虽然一个学生的努力可能微不足道，就像一盏灯照射的范围有限，但仍可以点亮一片黑暗。当这盏灯在夜空中亮起，它不仅照亮了周围，更为那些迷失方向的人指引了前行的道路。

霍懋征、于漪、张桂梅选择了成为光，照亮别人的人生。她们用自己的青春和热血，谱写了动人的教育篇章。在她们的带领下，无数的学生得以茁壮成长，成为社会的栋梁之材。在这个世界上，还有无数的教师像她们一样，默默地奉献着自己的力量。她们用自己的行动，诠释着什么是责任和担当。她们像一盏盏明灯，照亮了我们前行的道路，也给予了我们无尽的勇气和力量。让我们向这些伟大的人致敬，感谢她们为这个世界带来的光明和希望！

后　记

　　《爱是教育的灵魂——做有仁爱之心的好老师》这本书能在如此短的时间内问世，既是新时代教育者的热切呼唤，也是我们写作团队通力协作的结果。本书不仅是顾明远先生倡议并撰写序言的"'四有'好老师"丛书中的一本，更是顾先生亲自敲定书名并详细审校全书设计思路和框架结构后的产物。从确定题目到完成写作共不到一年的时间里，我们的写作团队积极担纲、倾情投入、深入研讨、反复推敲、互相品鉴、精雕细琢、终成定稿。书稿的架构布局离不开主持者们的静思默想和头脑风暴，书稿的每段文字离不开我们团队成员的精心打磨和智慧奉献。所以，此时此刻，我们必须真诚感谢全体参与写作的博士生、硕士生，他们是：罗婉琦、姜冠群、张曦煜、王晓洲、宋瑞洁、高晨辉、蒋光耀。全书由肖甦、滕珺教授设计框架，撰写各章节提纲与题目，全程组稿、统稿并撰写后记。博士后罗婉琦在书稿统合过程中也协助做了一定工作。

　　我们认为，在"四有"好老师的"有理想信念""有道德情操""有扎实学识""有仁爱之心"中，"有仁爱之心"当是教师品行素养中最富有精神温度的一条，指出教师不仅是知识、智慧的播种人，更是精神情感的滋养者。因为，教育过程首先是"教师过问人的精神生活的整个过程"，爱是教育的灵魂，仁爱之心是教师的精神长相，没有教育者爱的奉献和浸润，就没有受教育者心灵的真正成长。

何其有幸，我们承担了"'四有'好老师"丛书这个主题的书稿撰写！我们不仅能在追溯教育的"仁爱之心"的历史积淀中汲取中外大家的智慧养分，更能在触碰"没有爱就没有教育"的现身说法中沐浴教育楷模的精神光辉。

何其艰巨，我们要把这一永恒的教育主题呈现得既有厚度又有温度！从词源语义阐释到哲学意涵辨析，从 16 世纪欧洲教育哲人的精辟论道到21 世纪中国山乡校长的忘我奉献，我们尽全心、倾全力呈现教育探索的长度、仁爱之心的宽度、榜样力量的跨度。

何其欣慰，我们得以通过国际与国内的比较视野、理论与实践的并置格局勾勒出"爱是教育的灵魂"的多棱镜！从仁爱教育思想代表的梳理与选择，到仁爱之心教育典型的传承与拓展，我们以助力新时代教师现实发展为出发点，在丰富的史料和感人的事迹中抽丝剥茧、披沙拣金，将丰富的理念和生动的实践倾情浓缩于笔下。

爱的教育是亘古有之的命题，更是一个充满希冀、没有穷尽、需要不断丰富与创新的话题。对爱之教育真谛的思考与挖掘始终在持续，充满爱心与奉献精神的教育者亦在不断创造更多感人的故事、启智的篇章。从这个意义上讲，对于爱心教育的探究与书写、讴歌与弘扬才刚刚开始，还远未结束。真诚希望我们的读者能从这本书中获得滋养和启迪，也希望我们的教师们能够在滋养与启发之下创造更多的教育辉煌。中国的教育，正是因为有广大的无私奉献的教师们，才让人们看到了希望，才让所有的教育人鼓起了不断进取、永不停歇、持续向未来的动力。

　　亲爱的读者们、尊敬的老师们，让我们携手共勉，努力奉献，把深沉的教育之爱、温暖的教师之爱，把有用的教育研究、有效的教育实践都倾情倾力书写在中国大地上。

图书在版编目（CIP）数据

爱是教育的灵魂：做有仁爱之心的好老师 / 肖甦、滕珺等著.
—北京：北京师范大学出版社，2025.1.（"四有"好老师系列丛书）.
—ISBN 978-7-303-30129-4

Ⅰ. G40-03

中国国家版本馆 CIP 数据核字第 2024546VN3 号

营　销　中　心　电　话　010-58805385
北 京 师 范 大 学 出 版 社
主题出版与重大项目策划部

AI SHI JIAOYU DE LINGHUN

出版发行：北京师范大学出版社　www.bnupg.com
　　　　　北京市西城区新街口外大街 12-3 号
　　　　　邮政编码：100088
印　　刷：北京盛通印刷股份有限公司
经　　销：全国新华书店
开　　本：730 mm×980 mm　1/16
印　　张：14.25
字　　数：180 千字
版　　次：2025 年 1 月第 1 版
印　　次：2025 年 1 月第 1 次印刷
定　　价：80.00 元

策划编辑：祁传华　　　　　责任编辑：葛子森　乔　会
美术编辑：王齐云　　　　　装帧设计：王齐云
责任校对：陈　民　　　　　责任印制：马　洁　赵　龙